走进先贤普及读本

博学多才 祖冲之

王芳 ◎ 编著

中国社会出版社
国家一级出版社 ★ 全国百佳图书出版单位

图书在版编目（CIP）数据

博学多才祖冲之 / 王芳编著 . — 北京：
中国社会出版社，2012.1（2022.6重印）
（走进先贤普及读本）
ISBN 978-7-5087-3739-3

Ⅰ . ①博… Ⅱ . ①王… Ⅲ . ①祖冲之（429～500）—
生平事迹—通俗读物 Ⅳ . ① K826.11-49

中国版本图书馆 CIP 数据核字（2011）第 229353 号

出 版 人：浦善新		终 审 人：张铁纲	
责任编辑：魏光洁		助理编辑：刘海飞	
责任校对：马潇潇		封面设计：天之赋设计室	

出版发行　中国社会出版社　　　地　　址　北京市西城区二龙路甲 33 号
邮政编码　100032　　　　　　　编辑部　（010）58124851
网　　址　shcbs.mca.gov.cn　　发行部　（010）58124868
经　　销　新华书店

印刷装订　北京华创印务有限公司　　开　　本　155 mm×225 mm　1/16
印　　张　11　　　　　　　　　　　字　　数　160 千字
版　　次　2012 年 3 月第 1 版　　　印　　次　2022 年 6 月第 4 次印刷
定　　价　39.80 元

中国社会出版社微信公众号

中国社会出版社天猫旗舰店

走进先贤普及读本编委成员
(按姓氏笔画排序)

编委会主任： 万伯翱

编委会副主任： 石 英　施 晗　魏光洁

委　　　员： 王 伟　王 芳　石 英
　　　　　　　龙 妍　李桂娟　刘 斌
　　　　　　　刘巧巧　亦 农　陈晓燕
　　　　　　　施 晗　高 杰　管 梅
　　　　　　　魏光洁

目录

引言 世界科学史上的巨匠 ... 001

第一章 如琢如磨雕琢璞玉

- 璞玉出世 ... 001
- 祖冲之挨打 ... 004
- 开启理想之门 ... 007
- 神秘的星空 ... 010
- 哭泣的放牛娃 ... 014
- 爷爷讲的故事 ... 017
- 玉汝于成 ... 020
- 司天官 ... 024

第二章 泽被千秋《大明历》

- 南徐州的岁月 ... 030
- 五大行星运行周期和交点月 ... 034
- 岁差的引进 ... 036
- 祖冲之收「师」为徒 ... 039
- 成就《大明历》 ... 041
- 别出心裁斗权贵 ... 043
- 为科学再斗权贵 ... 046

第三章 享誉万世圆周率

- 「祖暅原理」
- 圆周率的历史意义和现实意义
- 数万次的算筹
- 盈数和朒数
- 验证割圆术
- 师法前人
- 难解的圆周
- 动荡岁月的坚守
- 「痴傻」的少年郎

052　056　059　061　065　071　073　076　080

第四章 计量学领域的成就

- 精确测量时间
- 校正庬旁误差
- 保存茍勖律尺
- 复原指南车

084　088　092　094

第五章 机械制造领域的成就

方便的水碓磨 096
欹器的发明 100
千里船 104
《缀术》之殇 108
其他领域的著述 120

第六章 科学巨匠光耀环宇

晚年的祖冲之 122
月球上的『祖冲之山』 125
祖冲之的影响与现代数学史教育 126
世界同庆圆周率日 134
留给后世的反思 136

附录1 追寻数学大国的历史脉络 146
附录2 《南史·祖冲之传》 159

引言

世界科学史上的巨匠

接受过教育的中国人都知道一个名词——圆周率,也都知道一个名字——祖冲之。

在读小学的时候,数学老师就教我们说,所有的圆周长度和直径的长度的比值是一个定数。等到上初中之后,数学老师又开始教我们这个定数——圆周率。当年的我一直在琢磨:南北朝的祖冲之怎么就能精确到小数点后的第6位数呢?在14世纪的中国,即历史上的南北朝时期,数学水平又达到了怎样一个高度呢?为什么得出这样一个数字呢?

没有想到,最先除去我心头一部分疑惑的却是历史老师。历史老师指着教科书上一个额头宽广、相貌清瘦的老人图像,说这就是祖冲之,你们看看,挺面熟吧?原来我们教室的墙上

博学多才 祖冲之

都贴着他的画像。祖冲之把圆周率精确到小数点后第6位,这个纪录保持了上千年。南北朝时期的中国,数学水平遥遥领先于其他国家,直到一千多年后欧洲人才将圆周率计算到小数点后第6位。但是,圆周率究竟是怎样计算出来的,历史老师似乎对历史更感兴趣,自豪的是那段我们中华民族引以为傲的历史。如何得来圆周率依然只是说出了一个结果,过程一笔带过。

一次偶然的机会,我从父亲的书架上的《隋书·律历志》中翻到一段文字:"宋末,南徐州从事史祖冲之,更开密法,以圆径一亿为一丈,圆周盈数三丈一尺四寸一分五厘九毫二秒七忽,朒数三丈一尺四寸一分五厘九毫二秒六忽,正数在盈朒二限之间。密率,圆径一百一十三,圆周三百五十五。约率,圆径七,周二十二。"线索却又戛然而止,书上只记载了祖冲之给出的圆周率介于3.1415926和3.1415927之间的这个答案,以及关于两个π的近似数355/113和22/7,其过程依然悬而未决。遍寻历史之后,才知道其实祖冲之如何算出圆周率的第6位数的过程依然悬而未决,是个历史疑题。

但是从计算出圆周率的小数点后第6位数之前的前人的数学成就来看,就不难发现,历史其实是一个承前启后的过程。首先祖冲之的家世决定了他能受到的教育,比如精通历法和音律等,甚至编撰了当时的国子监数学教材《缀术》,这些都为他日后对圆周率进行大量的科学计算打下了坚实的基础。其次是当时中国的数学水平已经达到了一定高度。比如《周髀算经》《海岛算经》《孙子算经》《夏侯阳算经》《张丘建算经》五部权威的数学著作，成书都在祖冲之撰写《缀术》之前，都是前人的研究成果，而祖冲之正是站在前人的肩膀上，数学理论水平达到了更高的高度，圆周率的计算技巧极有可能就是这五部书的研究成果。后来唐朝的国子监将前五部书，加上祖冲之的《缀术》，再加上后来的《五经算术》《五曹算经》和《缉古算经》合称为"算经十书"，用作国学教材。那个时代的数学成就，也达到了世界巅峰，远超其他国家。

祖冲之这位科学家，不仅为我国数学的发展倾尽了毕生精力、为我国的数学成就立于世界民族之林作出了巨大贡献而受到后人的敬仰，更因为他是一个多面手，他同时也是一个天文学家、机械制造专家。他关注民生，他在机械制造等方面的发明创造，促进了社会生产的发展。

同样，历史是一脉相承的，又是不断创新的，并且重在一个"新"字。祖冲之在前人历法的基础上，发现并完善了历法。我国古代的劳动人民，很早就开始探索日月星辰的变化之道和世上万物的荣枯规律，制定出符合日月运行和万物生长的历法。在祖冲之生活的时代，就已经有了较完善的历法指导农耕，作用于人们的生活，比如《春秋四分历》《太初历》《后汉四分历》《元始历》《元嘉历》等。

我们知道，地球绕着太阳公转和月亮绕着地球自转一周的时间是不同的。当时的历法，为了让地球绕太阳一周的日子能和月亮绕地球一周的日子合拍，采用了一种特殊的方法——闰年法，规定十九年七闰。就是说在每十九年里，设置七个闰年，

博学多才 祖冲之

闰年的意思就是比平时多一个月。实际上这是一种和稀泥的办法，不够严谨、周密、精确。

祖冲之查阅古人制定的历法书，不拘泥于汉民族的历法，从十六国时期的北凉（397—439年）赵𢾅所制的《元始历》中，发现了六百年二百二十一闰的新的制历书方法，更科学、更严谨，便开始萌发制造新历法的念头。

我们现在沿用的《大明历》，即沿用至今的农历，符合农时，四季分明，符合万物生长荣枯规律，为我国作为农业大国的生产水平不断提高作出了不可估量的贡献。

1500多年前的祖冲之就能精确地计算出精确到小数点后6位数的圆周率，除了和他的积极进取、严谨务实的科学态度有关之外，还和当时的时代大背景密不可分，他占尽了天时、地利、人和的优势。

首先说天时。祖冲之生长的南京，为六朝古都。在南北朝时期的南京城，作为经济和政治中心，不仅人口过百万，也是当时的世界第一大城市，其在各个学科上的成就足以和西方最辉煌的"古罗马文明"相媲美。尤其是农业与手工业的不断发展，对天文和历法等学科以及相关科技提出了新的要求，促成了一个个天文学家和数学大家的出世，具有浓厚的学术研究氛围。

再说地利。据史书记载，在南朝刘宋孝武帝在位期间，即公元454到465年间，祖冲之得到赏识，到由朝廷设置的国家最高学术机构"华林学省"和"总明观"进行各科学术研究。在这两个机构里，祖冲之如鱼得水。

最后说人和。据史书记载，祖冲之的祖父祖昌曾任刘宋的"大匠卿"，为当时管理朝廷建筑的一名官员，家中关于算筹方面的书籍、各种历法资料应有尽有，而且家中门风端正、务实，尽管经历了战乱、朝代更迭等，但读书的传统不改，从不因为外界的改变而中断求知和研究的道路。这种坚持，使得祖冲之年纪轻轻就显露出超群的知识量和谨慎的科学态度。一旦时局稳定下来，祖冲之便能拿出自己的学术成果。

天时、地利、人和，三者相合，则大师成矣。

第一章
如琢如磨雕琢璞玉

璞玉出世

京都建康的春夜，结束了一天的喧嚣，渐渐地归入宁静。路上行人寥寥，一阵清脆的马蹄声从街头传来。祖昌坐在马车上，一边闭目养神一边回想刚才皇帝的召见，又想到儿子祖朔之已经在皇帝身边侍奉，不由得一阵身心舒泰。这个皇帝是开明之君，对技术人才很器重，看来可以大有作为了。

我们的故事从中国历史上有名的动荡时期"南北朝"开始说起。

从公元420年东晋灭亡到589年隋统一的170年间，我

博学多才 祖冲之

国历史上形成南北对峙的局面,史称南北朝。南朝从420年刘裕代晋到589年陈灭亡,经历宋、齐、梁、陈四代。北朝从439年北魏统一北方开始,到534年分裂为东魏、西魏。后来北齐代东魏,北周代西魏,北周又灭北齐。581年北周为隋所代。隋灭陈和后梁(南朝梁的残余势力),结束了南北对峙的局面。现在的历史老师教我们背诵朝代的时候,只有一句"南北朝并立"。这是一种比较笼统的说法,因为不管是南朝还是北朝,其皇位都在不断的杀戮和纷争中几易其主,皇位上的面孔不断变换,真是乱纷纷你方唱罢我登场,城头变幻大王旗。其实历史就是最精彩的舞台剧,穿越数千年岁月的烟尘,我们突然会发现那些皇位上的姓名我们并不熟识,那些高官显宦我们也并不知晓。而在南北朝的天空,祖冲之、郦道元、贾思勰、葛洪化这些熟悉的姓名,犹如恒星闪烁。

好吧,让我们回到今天的故事中。

历史走到了公元420年的时候,南朝的刘裕在建康(今天的江苏南京,史称"六朝古都")坐上了金銮殿,建立了刘宋王朝。刘裕是一个在历史上有着一定正面评价的皇帝,在他统治时期社会安定,经济发展迅速。等刘宋王朝的皇位传到宋文帝刘义隆的时候,国家的经济繁荣,各行各业的发展都达到了前所未有的高度,因其年号为"元嘉",史称"元嘉之治"。

转眼就到了元嘉六年(429年)的春天,江南的三月,春风吹来,杨柳拂面。天上的纸鸢飞向高空,一点点地缩小,偶尔有断了线的风筝,消失在遥远的天际。

刘宋王朝就在这国泰民安的繁华里迎来了一桩盛事，宋文帝昭告天下，他的儿子刘勋被确立为太子。紧接着，宋文帝又颁布大赦令——因为立刘勋为太子。中国历代王朝都是如此，逢皇帝登基、立太子、立皇后、改元等情况，颁布赦令，释放狱囚，大赦天下有罪或正在被追诉之人，使他们免于刑罚，罪行清零，以此来向天下百姓施恩，以此来显示皇恩浩荡。同时，皇帝又施恩于官员，不仅将现任的全部文武官员集体官升一级，并且还补充不少新的官员。

祖昌的儿子祖朔之在这次皇帝的恩赐中被任命为"奉朝请"。这个官位本身没有一个具体的职务，可是地位却很高，为什么呢？因为奉朝请就是皇帝身边的人，也就是皇帝的侍从。而皇帝的侍从则是从"世族门阀"中选拔。"世族门阀"是指世世代代都做官的家族。祖家世世代代掌管营造建筑，官职并不大，却是受人尊敬的"世族门阀"。那时他们还不知道，即将到来的祖家下一代，将会让这个家族光耀千秋。

京都建康的春夜，结束了一天的喧嚣，渐渐地归入宁静，路上行人寥寥，一阵清脆的马蹄声从街头传来。祖昌坐在马车上，一边闭目养神一边回想刚才皇帝的召见，又想到儿子祖朔之已经在皇帝身边侍奉，不由得一阵身心舒泰。这个皇帝是开明之君，对技术人才很器重，看来可以大有可为了。

马车停了下来，已经进了祖家宅子，祖昌掀帘下车，习惯性地抬头望天。这是他作为一个对天文地理极为精通的营造官的习惯性动作。只见繁星满天，组成青龙、白虎、朱雀、玄武的二十八星宿熠熠生辉。那苍穹之上，青龙张牙舞爪，仿佛要

冲破天幕,翱翔八极。祖昌立于庭院,仰望星空,不禁感叹宇宙的浩茫。突然,一声响亮的婴儿啼哭传了出来,声音清亮。仆人急忙出来贺喜:"恭喜老爷,添了个小公子!"

祖昌闻言,心思马上转到了小孙子身上,看着血脉相连的孙子天庭饱满,心中暗想:这可是一个聪明的孩子。消息一传开,众多的世族大家都赶来祝贺,祝贺祖家双喜临门,大家都说着吉祥、富贵的恭维话,都说祖朔之刚刚做了奉朝请,家里又添了个小官人。

祖昌并不太善于交际,他是一个实干家。不过听着这些恭维话,他也心中喜悦,瞅着孙儿明澈的一双大眼懵懂地盯着自己,脑海中想起孙子出世那晚似要一飞冲天的青龙,不由得对孙子充满了期望,于是说道:不如孩子就叫冲之吧!

众宾客面面相觑:冲之,这个名字可是太奇特了。他们和祖昌一样,不会想到这个星夜出生的孩子,将会和日月同辉。

祖冲之挨打

一天,祖冲之和小伙伴趁着先生午睡,蹑手蹑脚地想溜到河边去戏水,不想刚刚到园子边上,就看见父亲祖朔之正气咻咻地瞪着自己。原来祖冲之的父亲,做奉朝请已经九年了,虽然常在皇帝身边行走,眼看着别人高官显贵,而自己却还是个小官员，不免望子成龙心切。他听先生说祖冲之虽然聪明，可心思却不用在读书上，气就不打一处来，于是亲自堵在园子门口，抓了儿子一个现行。

春去秋来，四季轮回。翠园里的花开了又谢，谢了又开。祖冲之从牙牙学语，到蹒跚学步，翠园里的一草一木都见证着他慢慢地长大。他看得最多的就是爷爷和爸爸仰望星空，计算着什么，探讨着什么。在晴朗的夏夜里，爷爷抱着他数星星，数啊，数啊，祖冲之就慢慢地在爷爷的怀里睡着了。

等到他再大了一些，家里请了先生启蒙，私塾里还有几个族中小伙伴。大家在春天的园子里淘气的时候，在夏天的荷塘里抓鱼的时候，在秋天的石榴树上摘果子的时候，在冬天的墙角挤着晒太阳的时候，祖冲之都没落下。玩闹可是孩子的天性。

一天，祖冲之和小伙伴趁着先生午睡，蹑手蹑脚地想溜到河边去戏水，不想刚刚到园子边上，就看见父亲祖朔之正气咻咻地瞪着自己。原来祖冲之的父亲，做奉朝请已经九年了，虽然常在皇帝身边行走，眼看着别人高官显贵，而自己却还是个小官员，不免望子成龙心切。他听先生说祖冲之虽然聪明，可心思却不用在读书上，气就不打一处来，于是亲自堵在园子门口，抓了儿子一个现行。当时的祖冲之还不到九岁，父亲当场就要他背诵《论语》。不料，祖冲之吭吭哧哧只能背诵十多行，这可把父亲气坏了，怒气冲冲地骂道："儿子啊儿子，你真的要我寒心吗？先生说《论语》都教了

博学多才 祖冲之

两个月了！你居然才能背十多行！你可真是一个十足的大笨蛋！蠢牛！"说罢仍不解恨，随手又折下一根细树枝，劈头盖脸就朝儿子打过去。祖冲之也不躲不闪，任凭父亲责骂、抽打。儿子不躲闪，做父亲的既生气又心痛，怏怏地住了手。

父亲毕竟不甘心，一心要把祖冲之往"读书做官"的正路上带。过了几天之后，父亲又开始训斥儿子："万般皆下品，唯有读书高！你看我们祖家虽然也是士族，但是却是士族中的寒门。我们祖家可就指望着你用心读经书，将来高官显宦，好光耀门楣！现在，我再教你《论语》，你可要好好听着！"

可是，祖冲之似乎就是听不进去，父亲不免又生起气来。祖冲之原本就厌烦读这些经书，于是干脆梗着脖子说："我就是不爱读这些经书！"祖朔之气得忍不住冲着儿子就是几巴掌，儿子终于"哇"的一声大哭了起来。父亲恨恨地看着儿子，连连叹气。

祖冲之的爷爷是位开明的长者，是专门负责建筑工程事务的大匠卿，此刻闻声赶了过来。他知道儿子又在用错误的方法逼迫孙子学习了，于是对儿子说："孩子的天性是什么？爱玩。学习最好的老师是什么？是兴趣。孩子应该怎样教育？是言传身教！如果孩子是真笨，你打骂他只会更笨。如果孩子不听话，你打骂他只会让孩子对学习更加没有兴趣。你如果想要教育出一个知礼的好孩子，就不能让自己给孩子做粗鲁的榜样！"

祖朔之觉得委屈，辩解道："父亲教训儿子，儿子本该垂首聆听，不回一言。儿子此番教训孩子，也是望子成龙心切。他这样读不进经书，将来怎么光耀祖家门楣呢？"

祖昌呵斥一声："糊涂！"接着又说："你看看这世上，多少人家的孩子都误在了读经书做官这条路上。纵然有满肚子的经书，却不会干一件实事，那也不过是个'两脚书橱'！于国于家又有何益？再说，学习最好的老师是兴趣，绝对不能硬赶着鸭子去上架。我看这孩子聪明得很，只要对什么事有了兴趣，上了心，准能学好。做父母的，要学会细心观察，学会引导和因材施教。"

一番话说得祖朔之做声不得，看看孩子泪汪汪的大眼睛可透着聪明，那大眼珠子滴溜溜地转，一会儿看自己，一会儿看爷爷，也觉得孩子并非愚钝，便赞同了父亲的话，同意让孩子自己凭兴趣去学习。

开启理想之门

爷爷趁热打铁鼓励孙子："孩子，宇宙的奥秘无穷无尽，如果你感兴趣，不妨好好钻进去。"祖冲之的兴趣更浓了，祖朔之也改变了对儿子的态度。祖家世代掌管土木工程，对天文历法有家学渊源，于是两辈人一起教导祖冲之，祖冲之对天文历法的兴趣一发不可收。有一天，爷爷带着祖冲之去拜访有学问的长者、制作《元嘉历》的官员何承天。这个

博学多才 祖冲之

老人是当时名噪一时的天文学家。

祖昌常年在工地上监工，想到男孩子一般都对机械、建筑感兴趣，便把祖冲之带到了建筑工地，想以此激发孙儿的兴趣，开阔他的视野，开发他的智力。果然，一到建筑工地，祖冲之眼中的一切都是新奇的，那些按比例制作的建筑模型，仿佛一个缩小了的世界，一切都让他感到新鲜。建筑工地人声鼎沸、热火朝天，一幢幢房屋拔地而起，让他小小的心中充满了惊讶和喜悦。祖冲之很快和工地上的人交上了朋友，夜晚和爷爷住在工地上，去工匠家串门，和工匠家的孩子一块淘气。那些小伙伴们和他在月下唱着童谣："初一看不见，初二一条线，初三初四镰刀月，初七初八半半边。一天更比一天胖，直到十五月团圆。"

祖冲之学会童谣之后，就留心月亮的变化，果然，月亮的阴晴圆缺和童谣里唱的一样。一个月后，他兴奋地告诉了爷爷他观察到的现象，接着又不解地问爷爷："为什么月亮会变化呢？为什么初一到十五，月亮就从一个小弯钩变成了一个大圆盘呢？"爷爷摸着孙子的小脑袋，看见孙子期盼的目光，心有所动，知道孩子开始思考问题了，也说明是月亮吸引了他，便说道："月亮、地球、太阳的运行可有意思了，它们都有自己的运行规律。至于月亮为什么会变化，这个天文书里都有解释，我现在没有时间给你解答。要不我现在就去拿几本天文、历法的书给你，你自己寻找答案，如果看不懂再来问我。"

祖冲之好奇地接过爷爷递过来的《灵宪》，一看封面上写着张衡的名字，就问：

"爷爷，张衡是谁？"

"哦，是写这本书的人，东汉时期的天文学家，可是个了不起的人物。"

哦，祖冲之摸了一下封面，马上进入到正题——去寻找月亮的变化之谜。这一寻找，就将祖冲之带进了一片神奇的天地。《灵宪》里说人的眼睛能看到的天和地，其实并不像人们看到的那般大，而是"宇之表无极，宙之端无穷"，是一个无穷无尽的"椭圆形"球体。我们未知的宇宙是无边无际的，我们未知的时间是没有起点没有终点的。太阳和月亮都是球状星体，月亮是一颗不发光的星体。我们看到的月光是反射了太阳的光辉。我们看到月亮的阴晴圆缺，是因为月亮和太阳的运行和移动导致了月亮的一部分能照到日光，由于角度的不同，光照面逐渐变化，便出现月钩逐渐变大或者变小的现象；当太阳和月亮正好相对的时候，便会出现满月。

祖冲之惊奇万分，不禁缠着爷爷问这问那：

"爷爷，为什么有的星星暗，有的星星亮呢？"

"爷爷，天上的那些星星都有名字吗？可真有趣！"

"爷爷，为什么北斗星的柄把会变位置呢？"

祖昌乐呵呵地用《史记·历书》的记载解释："斗柄东指，天下皆春；斗柄南指，天下皆夏；斗柄西指，天下皆秋；斗柄北指，天下皆冬。"

博学多才 祖冲之

祖孙俩一问一答，祖冲之越听越有趣，爷爷越答越乐呵。他看出孙子已经对天文产生了浓厚的兴趣，便不断地鼓励和引导。爷爷趁热打铁鼓励孙子："孩子，宇宙的奥秘无穷无尽，如果你感兴趣，不妨好好钻进去。"祖冲之的兴趣更浓了，祖朔之也改变了对儿子的态度。祖家世代掌管土木工程，对天文历法有家学渊源，于是两辈人一起教导祖冲之，祖冲之对天文历法的兴趣一发不可收。

有一天，爷爷带着祖冲之去拜访有学问的长者、制作《元嘉历》的官员何承天。这个老人是当时名噪一时的天文学家。

何承天问小冲之："小兄弟，大家都想着研究如何富贵显耀，你怎么对辛辛苦苦、枯燥无味的天文研究感兴趣呢？它既不能帮你发财，又不能帮你升官，何苦呢？"

祖冲之昂起脑袋，眼神坚定地答道："我只求弄清宇宙的奥秘、天地的玄机，不求富贵。"

何承天笑着欣慰地对祖昌点头道："人小志大。老哥，我辈后继有人了。"

神秘的星空

祖冲之摇摇头，祖昌说道，因为斗转星移，星星是在时刻运转着的，星象也随之而转换。在冬春之交，青龙显现；春夏之交，玄武升起；夏秋之交，白虎露头；秋冬之交，朱雀上升，就像轮流出来值守一般。

祖昌开始亲自对祖冲之进行天文知识的启蒙。

从春到夏，从夏到冬，四季轮回中，爷爷和孙子一老一少仰望星空的身影成了一道美丽的风景线。

我们眼中浩茫苍穹的昨天和今天看上去并没有什么不同，可是日月星辰啊，却都在按照自己的轨迹运行，悄悄地改变着自己的位置，昭示着岁月的变迁。有的星星一闪而逝，有的星星万古长存，而天幕依旧是那个天幕，在寻常人的眼中不增不减。

一天，祖昌拿出几幅上古时期的星象图，让孙子对着星空一一对应。祖冲之惊讶地问："爷爷，这是什么图？是天空的星象图吗？"

祖冲之兴奋地对照着一一对应，却疑惑地发现，北斗七星的形状和头顶上的七星变化非常大，难道是古人把图画错了吗？

爷爷乘机说道："孩子，我们的宇宙是无穷无尽的，奥妙也是无穷无尽的。每一颗星星都有它自己的轨道，每天一点点地移动，我们的肉眼难以察觉，但是数千年、数万年之后，这个移动就积累到了一定程度，我们再看，才能感受到不同。可惜每个人都是百年光阴瞬间过，对于天地来说，人都是过客，所以每一个单独的人穷尽一生也不可能观测到星辰明显的变化。这就需要我们一代代的人进行接力，把自己

博学多才 祖冲之

的观测经验总结、归纳,以便传给后来的人。"

祖冲之似懂非懂地点点头。此刻,天幕之上,星星也快活地一闪一闪地眨着眼,似乎很欣慰听到爷孙俩的对话。

爷爷又拿着星象图,一颗星一颗星地告诉祖冲之。原来,我们的老祖先,很早就知道日月变迁和四季轮回的关系,远古时代就有了星象观测的记载。古人对未知的宇宙充满了敬畏,认为它们主宰了人类的活动,于是,根据特点给每一颗肉眼能观测到的星星都起了一个神奇的名字,以对应地上万物的变化。比如,在东方那颗最亮的星星,它总是黄昏时分第一个出现在天空,又在太阳升起之前最后一个隐去,我们管它叫启明星。

同样的星空,在四季里也是不同的,春、夏、秋、冬四季的中天之星,被我们的祖先用二十八颗最明亮的星星,分成了四组,每组七颗星,每一个季节对应一种灵兽和一个方位,春、夏、秋、冬四季则分别对应青龙、朱雀、白虎、玄武四灵兽。这四灵兽又掌管着东、南、西、北四方星空。

春天方位为东方,灵兽为青龙。青龙的勃勃生机,昭示春天万物复苏的萌芽之象,便以青为颜色,寓意春天的生机、万物生长的灵气。夏天方位为南方,灵兽为朱雀。朱雀是指红色的火雀,朱雀灵动,昭示着夏天的万物都进入繁荣时期,寓意夏天热烈似火。秋天方位为西方,灵兽为白虎。因为古代的行刑一般设置在秋季,被称为秋决,寓意着万木萧萧一片肃杀。冬季方位为北方,灵兽为玄武。玄武是指黑色的大龟,因为龟表示收藏之象,且黑色龟壳代表收敛的颜色，昭示着万物进入休眠期。

祖冲之听后大为惊讶。原来，我们的古人早已将宇宙同自身的生活联系起来。

祖昌继续侃侃而谈：古人认为星运主宰着国家和个人的命运。关于这四灵兽的来历，还有一番故事呢。原来，以前掌管星空的灵兽并非后来的四灵兽，可是后来为什么要以青龙、白虎、朱雀、玄武为四灵兽呢？这除了星座组成本身固有的形状外，还和我们的远祖黄帝密切相关。

我们都知道龙是我们中华民族的图腾，但是有多少人知道龙的出现和远古三皇之一的黄帝密切相关。当初黄帝大战蚩尤，也将其领导下的古老羌族的图腾"龙"带到了东方，和"东方苍龙星座"合二为一，将西天神兽熊和猫头鹰取代。等到黄帝统一南方时，朱雀便化为南方天空的吉祥鸟，成为了凤的雏形，最后和东方的龙一起组成"龙凤呈祥"。

在古代，作为图腾的是东凤和西龙，而作为灵兽的则是东龙和西凤。周朝正式确定了封建制度，制定了周礼，注重祭祀上天，且当时阴阳五行的思想已经成熟，便重新划分了星宫，西北方的龙向东移，东方的凤向南移，南方的虎向北移，最后再补出龟蛇缠绕的玄武完成了"四方之神"的星宫图。

祖冲之闻言，迫不及待地展开星宫图，来分辨天上的四灵兽。果真，二十八颗星星勾勒出了四灵兽的形状。只见东方的星象就像一条跃跃欲飞的苍龙，西方的星象就像一只凶猛的大老虎，南方的星象就像一只蹁跹飞舞的大鸟，北方的

星象就像一条蛇和大龟正缠绕在一起，不由得跟随着爷爷的故事神游八极。

爷爷又说："这些星星还有自己的名字呢！"祖冲之随着爷爷手势的一一指点，看到苍龙七宿——角、亢、氐、房、心、尾、箕，分别组成了龙的角、颈项、颈根、膀、肋、心脏、尾、尾末，一条栩栩如生的苍龙就跃然纸上。

待祖冲之一一辨认后，爷爷又说："你知道为什么四灵兽分别掌管星空吗？"说着爷爷指着头顶上的苍穹，祖冲之摇摇头。祖昌说道，因为斗转星移，星星是在时刻运转着的，星象也随之而转换。在冬春之交，青龙显现；春夏之交，玄武升起；夏秋之交，白虎露头；秋冬之交，朱雀上升。就像轮流出来值守一般。

从今天的眼光看来，我们的古人多么聪明，他们极具探索精神，很早就将日月星辰和人类自身活动的因果关系联系在了一起。从现代教育学的观点来看，祖昌对孙子的教育是多么的具有科学性，因材施教，兴趣引导；最可取之处便是理论结合实际，加强了孩子的理解能力。

哭泣的放牛娃

不料，放牛娃"哇"的一声哭了出来。祖昌和附近的工匠们听到，以为是孩子们拌嘴，便出来调解。孩子见到祖昌，抽抽搭搭地说："祖爷爷，我看到了一颗流星，村里的神婆子说，天上的一颗星，地上一个人，看到一颗流星，就代表要少一个人。我是不是就要死了？！呜呜……"

话说祖昌亲自教孙子学习天文历法方面的知识，并不是一味地去灌输，而是让孩子也去当老师，从中体会到学习的快乐和自豪感。

祖冲之在建筑工地上很快也有了一群小伙伴。他们最快乐的事，便是听祖冲之给他们指着天上的星星讲故事。有的时候，繁星满天，星星们闪闪烁烁，异常美丽。在孩子们看来，漫天的星星散乱无章，杂乱得很，而祖冲之却能叫出很多星星的名字。

孩子们吃惊地随着祖冲之的食指，一个个认识了四灵兽、认识了北斗七星，还叫得出最明亮的牛郎、织女星。

有个小伙伴，是个放牛娃，最喜欢听祖冲之讲星星的故事，每次都是最积极的一个。可是有一天，祖冲之发现他无精打采的，蔫头蔫脑地发呆，一副心事重重的样子，觉得自己的演讲没有被重视，便问道："嘿，你怎么了，讲故事也不认真听。"

不料，放牛娃"哇"的一声哭了出来。祖昌和附近的工匠们听到，以为是孩子们拌嘴，便出来调解。孩子见到祖昌，抽抽搭搭地说："祖爷爷，我看到了一颗流星。村里的神婆子说，天上一颗星，地上一个人，看到一颗流星，就代表要少一个人。我是不是就要死了？！呜呜……"

博学多才 祖冲之

孩子们都害怕起来,祖昌哭笑不得,亲切地对那孩子说:"孩子,别害怕。爷爷就给你讲讲什么是流星。"

所有的孩子都聚拢过来,只听祖昌说:"就好像大山上的石头一样,年深日久,山上的石头会风化;年深日久,风化的石头就可能会脱落。流星就是天上脱落的星星,这种比喻是为了让你们听懂,真正的成因很复杂。你们要知道的就是,所有天上的星辰,上升或者下落,发光或者暗淡,都只是它们在我们眼中的一种运动。一切在运动的过程中,我们看到的现象和人的祸福无关。"

孩子们更加惊讶了:"星星也运动?"

"是啊,就像你们走路。"

"那天上的星星会不会都脱落呢?天会不会塌下来?"

"不会的,每颗星星都有自己的运行轨迹,只会偶尔有调皮的星星能挣脱。"

"那流星会砸到我们吗?"

"不会。远古的人就记载过流星和流星雨,它们偶尔会落到地上,但绝大多数都已经消失在星空。"

"天有多高?我们能上去摘星星吗?"

"天很高很高,我们没法上去,准确地说是离我们很远很远。"

祖昌看到哭泣的孩子已经平静下来,孩子们都在聚精会神地听,便说道:"呵呵!不过,我们可有办法来管住星星们!孩子们,你们看!爷爷手上的星宫图,十二黄道将星空分成了十二块,每颗星星都有了自己的'房子',就不会到处乱跑了!"

孩子们快乐地大呼小叫,祖冲之心里却因为放牛小伙伴的一番话,思考了起来:只有真正了解了星空,人们才不会胡乱添加罪名给那些星星们。什么流星索命啊,扫帚星导致霉运啊,都是一种自欺欺人之谈。不过,要纠正这些,必将需要一个漫长的过程。

爷爷讲的故事

祖冲之悠然神往,谁料爷爷话题一转,说道:"孩子,如果你的成果不被人接受,你会向张衡一样坚持自己的主张,经得住打击吗?"

祖冲之昂起倔强的头,眼神坚定地说:"爷爷,我能。"

少年时代的梦想,往往能影响一个人一生的路。

祖冲之的祖父、父亲都支持他继承家传之学,言传身教是必然的。他们所处的时代,士族攀比之风正盛,不是他家斗富,就是你家宴请,吃喝玩乐,酒肉穿肠。唯有祖家摒弃了这些浮华的应酬,仍然脚踏实地的去研究天文地理、工程数学,不肯虚度光阴。

祖冲之生活在这样的家庭里,自然是潜心读书。

一天,祖父来到了祖冲之的书桌前,看到祖冲之正沉醉在天文学里,丝毫没有觉察到祖父的到来,不禁欣慰地

博学多才 祖冲之

点点头,悄然离去。园子里花香浮动,一轮满月洒下清辉,一洗祖昌心中多日的忧思。原来,祖家由于不太善于和人应酬,已经有人颇有微词。他深知,历代的天文学家,准确地说都是一些斗士,因为天文历法被皇帝重视,而天文又是最需要否定已有成果、最需要推陈出新的学科,如果没有一颗坚强的心,没有勇斗权贵的勇气,很多研究成果都会被权宦之流打压。他想到少年祖冲之是不是已经做好了这个思想准备呢?

想到这里,祖昌又返回孙子的书房,久久地注视着已经开始长出绒毛胡须的读书郎。祖冲之终于觉察到身边的爷爷,却发现爷爷神情凝重,还给自己讲起了东汉天文学家张衡的故事。

原来,在东汉的时候,天文学家张衡就已经制造了一台观测地震的地震仪。但是当时的人,谁也不相信他会造出这样一台神奇的仪器,他们认为地震是天灾,是上天降临的惩罚,怎么能够测出呢?可是有一天,张衡对皇帝说,京都洛阳的西边发生了地震。在朝的文物百官都哈哈大笑,说自己就站在洛阳的土地上,若是有地震,怎么我们都没有感觉到震动呢?有的人甚至向皇帝进谗言,说张衡蛊惑人心,奏请皇帝惩治张衡。

张衡百口莫辩,但还是据理力争,说自己的说法是有依据的。如果不信,请各位官员到观测台,便一目了然。

祖冲之心急地插嘴道:"观测台?有什么仪器?"

"对了。你可真聪明!"祖父夸了孙子一句,又接着往下说。

到了观测台，大家一看，哇！那个青铜铸造的大家伙是什么呀？只见一个直径大约八尺的青铜仪器，主体是个巨大的"酒樽"，在"酒樽"的外沿，依次按着北、东北、东、东南、南、西南、西、西北八个方位各附着一条龙，那龙嘴里还各自含着一颗珠子；八条龙的龙嘴正下方，依次蹲着一只张大着嘴的青铜蛤蟆。众人再仔细看，却发现西边的一条龙嘴里的珠子已经落下，掉进了正下方的蛤蟆嘴里。

张衡说道："诸位，这就是我新研制出的地震观测仪器，名叫地震仪，里面是很精巧的感应机关，不便观看，但是只看外面的龙珠便可知晓仪器对地震的感应。一旦哪个方位的地有震动，相应方位的龙嘴便会吐出嘴里的龙珠，落到下面的蛤蟆嘴里。各位已经看到西边方位的龙珠已经掉进蛤蟆嘴里，这说明洛阳以西已经发生了地震。"

一席话说出，百官一片哗然，有的人公然走到张衡前面说："奇技淫巧，哗众取宠！不足为信！"张衡是又生气又难过，但是他坚信自己的多年研究成果，虽然遭受了讽刺，也不泄气。

皇帝知道张衡是一个脚踏实地的人，并未治他的罪。接下来的几天，人们的冷嘲热讽就没有停过。直到三天之后，洛阳以西某个地方的地方官，送信到朝堂，说发生了地震。百官又是一片哗然，这才相信张衡的地动仪真是可以测地震的神器！

祖冲之听了心里一阵向往和激动。祖昌继续说道："孩子，我给你说了张衡测地的地动仪，我再给你说说张衡测天

博学多才 祖冲之

的浑天仪!"

接着祖昌又给张衡详细的解说了浑天仪和浑天学说,他说张衡的浑天仪对应着日月星辰,那个仪器能够将日月的起落和位置移动再现。又说,宇宙无穷无极,我们眼睛能看到的星辰只是浩瀚苍穹的一部分。为什么有的看起来明亮?因为它离我们近。也许有一些更明亮的星体,因为离我们遥远而看起来暗淡。他又说我们生活的大地其实也是一个星体,和太阳月亮一样都只是苍穹中的一个星体。

祖冲之悠然神往,谁料祖父话题一转,说道:"孩子,如果你的成果不被人接受,你会像张衡一样坚持自己的主张,经得住打击吗?"

祖冲之昂起倔强的头,眼神坚定地说:"爷爷,我能。"

祖昌满意地点点头。过了几天,他又对孙儿说:"其实,本朝也有一个著名的天文学家呢!"

"爷爷,谁啊?"

"就是你认识的何承天爷爷啊。他四十年如一日地坚持天文观测,风雨无阻,对天文历法颇有建树,目前正在编修新的历法。找个合适的机会,你去拜何爷爷为师吧!"

玉汝于成

祖冲之感到很厌恶。他可是来学习的,他想有所作为,于是便埋首学习。他觉得皇帝毕竟有心选材才设置了这样一所学府，又给予了华林学士们最高的礼遇，便憋足了劲"报答圣恩"。在几年时间里，他完成了《易义释》《孝敬注》《论语注》《老子义释》《庄子义释》《述异记》等数部著作，被孝武帝嘉奖，祖冲之劲头更足了。

可是这一等就是几年。元嘉六年（429年）就是祖冲之出生那一年被立为太子的刘勋，在等待了二十四年之后，再也按捺不住想早日当上皇帝，同时也担心夜长梦多被同胞兄弟抢了皇位，于是在元嘉三十年（543年）发动了政变，杀了父皇宋文帝，坐上了皇帝的龙椅。可是龙椅还没有坐热，刘勋又被三弟刘骏打着"讨逆"的旗号，被斩杀于朝堂之上。刘骏把哥哥刘勋拉下了龙椅，便自己坐了上去，改年号孝建，是为宋孝武帝。这一段历史动乱不堪，正如童谣所说：前见子弑父，后见弟杀兄。这段残酷的历史也开了刘宋王朝骨肉相残的先河。

等刘骏坐上了龙椅，又有其他皇子不服，于是同室操戈。最后刘骏终于平定了内乱。内乱稍息，刘骏又趁机打杀有势力的皇族，一时刀兵不息。等到天下太平，社会生产已经被战争糟蹋得百业凋敝，曾经繁荣一时的国际大都会建康满目疮痍。世道纷乱，祖冲之只好在家苦学。虽然在乱世，也没有让他放下书本和心中的理想。

不过，天下一定，朝廷就传来了一个好消息。原来，动荡的朝廷渐渐稳定下来，孝武帝刘骏看到眼前的局面百废待

博学多才 祖冲之

兴,于是从士族里面遴选世家子弟前去国子学"华林学省"读书,以便为国选材。

祖冲之此时好学、博学的名声在外,毫不意外地被选了进去。

这所皇家最高学府建筑清雅,门楣富丽庄严,金色的牌匾在阳光下反射出耀眼的光芒。一辆辆装饰华丽的马车在门口停了下来,一个个锦衣华服的少年走进门去。祖冲之也从马车上下来,意气风发地走了进去,一路上和熟识的世家子弟寒暄。此刻的祖冲之年仅二十四岁,一样的锦衣华服,一样的清秀面容,和其他世家子弟并没有太大的不同。但是他那炯炯的目光和双目之上饱满的天庭,让人很容易一下子将他从锦绣堆里区分出来。

皇家学府更像一所庭院,祖冲之边走边看,只见这静雅幽深的学院里,满眼是雕梁画栋的的房舍、百折千回的廊厦、青砖灰瓦的山墙,庭院里花木葱郁,真是读书的好处所。满眼行走的皆是青年才俊,丝绦裹身的华林学士,祖冲之不禁热血沸腾。

要知道,华林学省是皇帝专门为"有才能、有名望的宿儒、才俊们"设立的最高国家学府。进华林学省就意味着被朝廷认可,虽无实际官职,但地位极高。住着皇帝赏赐的宅子,穿着皇帝赏赐的华服,乘着皇帝赏赐的马车,说一声华林学士到了,去任何一个权贵显宦之家都是会受到另眼相看的。

朝阳下的华林学省,一切都令祖冲之感到如意。可是没有几天，他就陷入到了一片迷茫当中。原来，虽然周围都是士族的青年才俊，可是短短的几天，华林里面就变了味道，只见越来越多的达官贵人开始出入，他们纷纷前来拉拢各位青年才俊，每日宴请，歌舞承欢，通宵享乐。

祖冲之感到很厌恶，他可是来学习的，他想有所作为，于是他便埋首学习。他觉得皇帝毕竟有心选材才设置了这样一所学府，又给予了华林学士们最高的礼遇，便憋足了劲"报答圣恩"。在几年时间里，他完成了《易义释》《孝经注》《论语注》《老子义释》《庄子义释》《述异记》等数部著作，被孝武帝嘉奖，祖冲之劲头更足了。

而同样在这几年的时间里，更多的华林学士们开始堕落。当然，这也是整个士族阶层的堕落，因为华林学士都出自士族。他们整日饮酒赋诗，酒必豪饮，酩酊大醉方休；诗必色情，刺激浓艳方可。要不就是崇尚空谈，空谈佛理，自以为一派名士风范。大多数的人，进华林学省，不过是想给自己加官晋爵找条捷径。

之所以把这种对比写出来，是因为这更能看出一个科学家的潜在品质：在别人玩乐时候，对学业坚守。当然，这种坚守是有回报的。在这里，祖冲之幸运地遇到了助他在天文学和数学学业上更加精进的，可敬的前辈——何承天。

何承天在这所最高学府里任博士，教授学生天文学和数学方面的知识。那些锦衣华服的官家子弟，看到一个又老又不修边幅的老头儿，一点都不尊敬，不是翘课，就是在课堂上补因夜晚宴乐没有睡够的觉。只有祖冲之，看到这个学术

上令人尊敬的老前辈,心中一阵欣喜。他终于补上了没有拜师何承天的遗憾。在华林学省里,他利用一切机会向老前辈请教,老人看到当年的少年已经长大成人,且又虚心好学,也非常乐意地、毫无保留地向他传授毕生所学。

史书上记载说祖冲之"少稽古,有机思"。这是对他博学好问的一种褒扬。

在华林学省,祖冲之就像一位修道的人,视周围的繁华和风月如尘土。他系统地学习、巩固了我国古代的数学名著《九章算术》《周髀算经》等,重温了勾股定理、开平方、开立方、解方程式等,为日后计算圆周率打下了坚实的基础。

祖冲之在这一段时间里,学业突飞猛进,还利用学省里的资源优势,阅读了大量的前人著作,印证前人天文观测、数学定理等。他夜以继日地观星望日,简直进入了一种物我两忘的境界。

十年磨剑,祖冲之的天文和数学才能就如同太阳下的剑锋,光芒四射。

司天官

《甘石星经》记载:"北斗星谓之七政,天之诸侯,亦为帝车。"我们已经知道,北极星斗柄永远指着北极方向,北极星被尊为帝星。传说天帝坐着北斗七星在天界四方巡察，定四季，分寒暑。北斗七星的斗杓方向则是判断四季的依据："斗杓东指，天下皆春；斗杓南指，天下皆夏；斗杓西指，天下皆秋；斗杓北指，天下皆冬。"所以，后世的皇帝出巡，便是按照北斗七星的斗杓开始出巡。如秦始皇统一天下后，出巡时斗杓正指向东方，便从东面开始出巡。而这些，都要听取天文学家的意见。

我们知道，中国古代的帝王以龙自诩，说天子便是上天的真龙下界。当然这都是统治者为了神化自己，加强自己的统治地位而故意渲染的神秘色彩。但是你知道这说法的依据是什么吗？我们知道，古代的皇帝都身着黄袍，并且黄色是皇家才能使用的颜色，如果平民百姓擅自用了黄色，便是死罪；即便是贵族也不能擅自使用黄色，除非是皇帝开恩赏赐。看过清代历史剧的人都知道，如果谁被赏赐了一件黄马褂，那可是莫大的荣耀。为什么皇室非要用黄色来和天下人区别开来呢？古代的军队统帅，如果要调兵，必定要将兵符相合，才能调得动军队。兵马大元帅的兵符就是虎符，那又是为什么呢？是因为老虎是百兽之王吗？我们知道，每逢帝王有重大行动，和大臣们商讨国是，总会去问一个智慧非凡的人——司天官。这司天官是一种什么样的官职？为什么他会显得那么重要呢？

原来，这和我国本土的道教密不可分。根绝古代道家典籍《太上黄箓斋仪》卷四十四，青龙东斗星君依次被称

博学多才 祖冲之

为角宿天门星君、亢宿庭庭星君、氐宿天府星君、房宿天驷星君、心宿天王星君、尾宿天鸡星君、箕宿天律星君。

既然是青龙一条,道家《道门通教必用集》卷七又将其形象具体化,遂演化出一条"东方龙角亢之精,吐云郁气,喊雷发声,飞翔八极,周游四冥,来立吾左"的神龙形象。其实,我们知道真正的龙谁也没有见过。但是,这种蛇身、麒麟脚、马鬃毛、鼍尾巴、鹿角、狗爪、鱼鳞、鱼须的灵兽形象被赋予了种种吉祥的寓意。它是我国文化传承中遗留的最古老的谜之一,古往今来无人能解。我们姑且以屈原的《天问》中所描绘的龙的形象为有证可考的源头。

古代的天文学家把天空中的恒星划分成为"三垣"和"四象"七个星区。《说文解字》里对"垣"的解释:"垒砌的城墙。""三垣"分别是紫微垣、太微垣、天市垣,分别象征着皇宫、行政机构和市井街道。这三垣呈三角形围着北极星。在"三垣"的外围则是"四象",即分别掌管东西南北星空的四灵兽——龙、虎、雀、玄武。道家又将"三垣"和"四象"分为阴阳五行,并分别又配上了一种颜色,东为青,西为白,南为朱,北为黑,黄色则为正中的颜色。四灵兽之外,道家又分别在东西南北设置了一位神灵,称为四方之神:东方有巨莽,鸟身人面;西方蓐收,左耳有蛇;南方祝融,兽身人面;北方禺疆,黑身手足。四方之神有一个共同点,就是分别乘两龙。

至于龙为什么以蛇为主体,笔者妄加臆测,这或许又与创造了《八卦》的上古三皇之一伏羲氏有关。在传说中，伏羲氏便是一个人首蛇身的形象，且他又是中华民族的远祖，帝王们以龙为本尊，就不难解释了。三国时代的魏明帝甚至直接用青龙作年号。

在古时候，天子的衣服颜色并不都是黄色。比如在周朝的时候，记载典章制度《礼记·月令》记载，天子"着青衣"。而到了战国之后，一直到秦汉魏晋，阴阳五行之说盛行，天子们开始按着五行之说来选择服饰颜色。比如秦始皇实行水德，按照五行水、火、木、金、土衍生出来的水德、火德、木德、金德、土德，与黑、白、青、赤、黄（五色）相配，于是穿黑色袍服；晋代实行金德，以朱为贵，故帝王均着红袍。后来，五德之说式微，隋朝的文帝、炀帝以"三垣黄色"为袍，但一般人也能穿黄，直到唐高祖武德年间（618—626年）黄色才被定为皇家专用。

而白虎作为四象之一，代表的是西方的灵兽，白虎星宫由西方七宿（奎、娄、胃、昂、毕、觜、参）组成。

根据道教典籍《太上黄箓斋仪》卷四十四记载，白虎西斗星君为："奎宿天将星君，娄宿天狱星君，胃宿天仓星君，昂宿天目星君，毕宿天耳星君，觜宿天屏星君，参宿天水星君。"又根据《道门通教必用集》卷七云："西方白虎上应觜宿，英英素质，肃肃清音，威摄禽兽，啸动山林，来立吾右。"刻画出一副人、鬼、神共惧的凶神形象。在中国四灵兽中，人们常常把"青龙"和"白虎"相提并论。因为虎为百兽之王，具有打败一切的象征意义，便被

博学多才 祖冲之

赋予了战神、杀伐之神的美誉。后来,白虎成了军队和威武的象征。现在很多流传下来的以白虎冠名的地方都是古代的兵家必争之地。古代军队里必扬白虎旗,兵符上必刻白虎像。

回到前面的一个问题,那就是司天官到底是一个什么样的官职,为什么会得到重视。本书的主人公祖冲之,就被任命过司天官,不过具体时间不详,能肯定的就是绝对不是他计算圆周率和编制《大明历》的那段时间。这也和《大明历》的制作和颁布息息相关,以及为什么他经历过几个皇帝都会被朝廷重视,这很大一部分得益于他对天文知识的精通。

中国是目前世界上有文字可考的、最早进行天文观测的国家之一。中国古代历朝历代都设有专职进行天文观测的官员,这又是为什么呢?

《甘石星经》记载:"北斗星谓之七政,天之诸侯,亦为帝车。"我们已经知道,北极星斗柄永远指着北极星方向,北极星被尊为帝星。传说天帝坐着北斗七星在天界四方巡察,定四季,分寒暑。北斗七星的斗柄方向则是判断四季的依据:"斗杓东指,天下皆春;斗杓南指,天下皆夏;斗杓西指,天下皆秋;斗杓北指,天下皆冬。"所以,后世的皇帝出巡,便是按照北斗七星的斗柄开始出巡。如秦始皇统一天下后,出巡时斗柄正指向东方,便从东面开始出巡。而这些,都要听取天文学家的意见。

古代的天文机构分工非常细,设有天文、历法、漏刻等多个分支机构，主要负责观测天象、制作历法、核对历法、报时等。因为中国是一个传统的农业大国，故观测天象对农业生产的意义极为重大。所以，从某种意义上来讲，天文官的话有时候比一品大员的话更管用。

第二章

泽被千秋《大明历》

❀ 南徐州的岁月

正在苦闷的时候,一个好消息传来,对祖冲之素来仰慕的南徐州刺史刘延孙邀请他前去做助手。祖冲之对其人品也有一些耳闻,便高高兴兴地前去赴任了。

祖冲之在华林学省待了几年之后,深感忧郁。此时,老迈的恩师何承天已经将毕生所学教给了他之后便归家了。他在这所贵族子弟林立的学府里,竟然找不到一个年轻人和自己一起潜心研究。那些公子哥们除了拉他玩乐,还是拉他玩乐,不能干实事的苦闷缠上了他。

正在苦闷的时候，一个好消息传来，对祖冲之素来仰慕的南徐州刺史刘延孙邀请他前去做助手。祖冲之对其人品也有一些耳闻，便高高兴兴地前去赴任了。

他到了南徐州之后，刘刺史知道祖冲之并非官场俗人，知道他是天文学方面的奇才，便在自己的能力范围内帮助他继续天文研究。祖冲之的工作任务并不重，又得到了刺史专门拨给的院子居住，需要什么器材也是想方设法提供。祖冲之如鱼得水，除了完成刘刺史安排的必做的工作外，其他的时间就能一心一意地搞研究了。

祖冲之聘请了一个爱好天文的当地人做向导，足迹踏遍了南徐州的山山水水，寻找合适的观测点。

他将自己的房子布置成了一个小型天文实验室，购买材料，和匠人一起制作计时器、圭表、浑天仪等。古时候可不像今天什么文具和工具都能买到。

祖冲之首先和木匠制成了一块圭表、一个计时器。这里要说明的是：这两个物件看起来简单，却是天文观测必不可少的两种仪器。圭表的使用方法很简单，就是在先在一块平整的地上画出一条正北的线，然后在线上立起一根八尺的直杆，然后取不同的时刻记录下直杆投在线上的刻度，也就是记录直杆的影子长度；每天都要在那些取定的时刻测量刻度，然后根据数据计算出太阳的高度以及推算出春分、夏至、秋分、冬至等节气的日期。这个计算要用到《九章算术》里面的勾股定理。

计时器还有一个出现在诗词里的雅名：更漏。这是一种

博学多才 祖冲之

记时的器皿,器皿由上下两部分组成,上桶盛水,下桶计量——下桶壁上刻有刻度,桶中一个小浮标浮在水上,根据水的不断增加,浮标上浮指示刻度。

这两样工具做好了,接下来便是做浑天仪。做这个浑天仪可费了劲了。因为浑天仪要不断转动,又要放在野外观测,为了避免不必要的精度损耗,在古代都是用铜铸造的。因为当地没有铜匠,刘刺史听说后,找来了一位技艺高超的铁匠帮忙。铁匠经过了多次试验才铸成了浑天仪。

浑天仪搬到山上的一个观测点时,铁匠说,要把他的娘也背上来,让她来开开眼。却不料铁匠背着娘来时,后面还跟着黑压压的一片人头,只见当地的老乡扶老携幼往山上爬。原来铁匠回去接娘,一传十,十传百,十里八乡都轰动了。人们祖祖辈辈听都没有听过还有一台仪器能够把天上的日月星辰刻录下来,最神奇的是这个仪器的运动竟然和日月星辰的运动一样!

浑天仪经过调试之后,开始运动。不一会儿,已经黄昏,北极星冉冉升起,离得近的人一阵阵惊呼:"升起来了!升起来了!"只见浑天仪上的北极星也升了起来!渐渐地,星星开始布满天空,浑天仪上相应的星星都待在了相应的位置。人们围着浑天仪,犹如看到了天上的神器,还有老人虔诚地跪倒在地。

我们知道,冬至是一年中最重要的节气之一,只有冬至日推测准了,才能准确地利用圭表计算出一年的长度,才能准确地推测出其他的节气。

这一次，祖冲之用圭表推测了冬至日期后，又在冬至日观测圭表刻度来反证。结果发现，计算和推测居然有小小差异，他便试着将冬至前后各半个月的观测数据都拿来演算。结果发现，这些数据的平均值，恰好和冬至日反证的数据吻合。他一鼓作气，又验算了前十年的冬至数据，发现了用一个月的平均数据推测的冬至日更为精确。

他用他的方法测定了冬至日，并算出了365.24281481日的回归年长度。这和现代天文学所测量到的一日的数据只差50秒，和一年的数据也只有六十万分之一的误差！这一成就，得益于他的细心和耐心！

南徐州的风是和顺的，太阳是温暖的，又有朋友帮助自己，祖冲之的心里也温暖而踏实。他在自己筑就的天文王国里无畏无惧，废寝忘食地观测着、研究着。

他一本一本地验证前人的著作，一本本地验算着历法，却开始陷入了迷茫。他写信给爷爷。原来，他发现了自己的恩师何承天编制的《元嘉历》中有许多错误。他不知道该说不该说。爷爷回信道：《元嘉历》是何承天四十年的天文观测经验总结，不可轻易下结论。但是，也不要迷信权威。毕竟历法和农业息息相关，只要你谨慎、耐心、认真地验算过，发现了错误就应该去改正。要知道，何承天的《元嘉历》也是在旨在利国利民，而改正了前人的错误的。所以，你也可以……

爷爷的回信，既是鞭策，又是鼓励。祖冲之充满了激情，他决定要编制一部新的历法。

博学多才 祖冲之

五大行星运行周期和交点月

我国古代,早就将金、木、水、火、土五大行星纳入观测范围。因为这些星体也会对日、月、地的运行有影响,所以,这一次祖冲之将五大行星的运行轨迹也做了一番运算,对它们的轨道和运行时间也做了观测,以提高历法的精确度。

岁月荏苒,光阴如梭。虽然祖冲之想要编制新的历法时已经三十岁,但是对于他要做的伟大事业来说还是显得年轻了。劝告的人接踵而来,大家都认为何承天的《元嘉历》刚刚颁布,又是费了四十年的心血才写成的,哪能那么容易就推翻呢?!

祖冲之下定决心排除周围的干扰,坚定地走自己选择的道路,决心着手新历法的编制。他一旦下了决心,就不想缩手缩脚,他不仅研究了《元嘉历》,还研究了所有颁布过的历法,如《古六历》《四分历》等。他连少数民族颁布的《原始历》也没有遗漏。他越发坚定了自己的想法,每一部历法都比前一部更精确;科学研究,就是要推陈出新。

在祖冲之的时代,没有哈勃望远镜,也没有银河系的概念,他们每天的观测都是肉眼能看到的,和农业、天气息息相关的星体。我国古代,早就将金、木、水、火、土五大行星纳入观测范围。因为这些星体也会对日、月、地的运行有影响，所以，这一次祖冲之将五大行星的运行轨迹也做了一番运算，对它们的轨道和运行时间也做了观测，以提高历法的精确度。

早在西汉的刘歆编制《三统历》的时候，就观测、计算出木星的运转一周不到 12 年。祖冲之在此基础上将木星运转一周的时间精确到 11.858 年。而现代天文学家推算出的木星运行一周的时间为 11.862 年。一千多年过去，可看出这两个数据仅相差 0.004 年。

祖冲之又推算出水星运转一周的时间为 115.88 日。这个数据与现代天文学家推算出的两位小数的数据完全一致。

祖冲之又推算出金星运转一周的时间为 583.93 日。这个数据与现代天文学家测定的数据仅相差 0.01 日。

祖冲之又观测到交点月的日数是 27.21223 日，同现代天文学家所测到的交点月的日数 27.21222 日极为接近。要知道，在当时天文学的水平下，在当时的计算工具简陋的情况下，祖冲之要保持多么冷静的、缜密的头脑，才能得出如此精确的数字。

交点月是指月亮连续两次经过"黄道"和"白道"的交叉点所相隔的时间。天文学上把太阳在天空中运行的、我们地球人能看到的大圆轨道，称之为"黄道"。黄道与天赤道的"黄赤交角"为 23 度 26 分；黄道与天赤道的两个交点就是春分和秋分的点。而白道则是月球在天空中运行的、我们地球人能看到的轨道。

日蚀和月蚀都是在黄道和白道的交点附近发生，如果能

博学多才 祖冲之

精确地推算出交点月的日数，就能更精确地推算日蚀或者月蚀的发生时间。后来的事实证明，祖冲之制定的新历法，应用交点月推算出来的日蚀和月蚀时间和实际出现日蚀和月蚀的时间非常接近。

岁差的引进

天文学家们同时又观察到：地球绕着太阳运行一周的时间，需要三百六十五又四分之一天，于是也称作一年；因为是以太阳为参考星体，故称之为阳历。这样，问题就出来了，两种记年法天数不完全相等，阴历一年共计三百五十四天，阳历一年确切数字为三百六十五天五小时四十八分四十六秒。这样算下来的话，阴历的一年时间要比阳历一年的时间少了十一天多。

我国古代的天文学家们，经过长期的观察，掌握了日月运行的基本规律。于是在制定历法的时候，就以离我们最近的月亮作为参考星体，制定了农历。农历将一年分为十二个月，每个月的时间是二十九日多一点。由于传统的阴阳五行说法是日为阳、月为阴，故这种计年法我们叫做阴历。

天文学家们同时又观察到：地球绕着太阳运行一周的时间，需要三百六十五又四分之一天，于是也称作一年；因为

是以太阳为参考星体，故称之为阳历。这样，问题就出来了，两种记年法天数不完全相等，阴历一年共计三百五十四天，阳历一年的确切数字为三百六十五天五小时四十八分四十六秒。这样算下来的话，阴历的一年时间要比阳历一年的时间少了十一天多。

两种记年法各有所长，于是也就难以舍弃其中一种。于是天文学家就想了一个好办法——闰年法，让阳历和阴历的天数统一。这是一种相当智慧的方法。所谓闰年，就是阴历的那一年加了一个闰月的年份，闰年的那一年就会有十三个月。关于具体在哪一年增加闰月，不是随意定的，必须通过计算。我国古代的天文学家通过计算，把十九年定为了计算闰年的单位。这个单位叫做"一章"，每一章设置七个闰年，即每十九年就有七年是十三个月。这种十九年七闰的方法在我国古代被天文学家们采用了一千多年。

古往今来，很多科学家的伟大发现，都来自于一些别人不注意的细节。即便同样是专家，那独具慧眼的也不过一两个。其实在公元412年，北凉的赵𫠆所制定的《元始历》，就已经打破了十九年七闰的传统做法，而是规定每六百年插入二百二十一个闰年，也就是六百年间有二百二十一个闰年。这是一个伟大的创新，可惜当时北凉是北方鲜卑族政权，没有引起汉族科学家的重视。如何承天制作《元嘉历》，与其相隔仅仅三十年，依然采用了十九年七闰的古法。

祖冲之通过对每部历法的推算、比较，发现了赵𫠆这种创新的先进性，如获至宝。他继承了这种理论，又超越了这

博学多才 祖冲之

种理论——据他的精心验算,十九年七闰的闰年固然过密,然而六百年二百二十一闰却又显过稀。于是,他通过计算,最后提出了三百九十一年内一百四十四闰的新闰法。

提出了当时世界上最精密的新闰法之后,祖冲之劲头更足了。南徐州刘刺史也不再安排他的工作,反而帮他放手去研究。这个时候,他的世界里只有天文和数学,除了观测就是计算。他的思维也更加宽广,他完全抛开了前人的条条框框,开始去研究前人没有留意过的一些细微的、但是又对历法有影响的细节——岁差。

要说岁差,在祖冲之之前已经有数个天文学家发现过。所谓岁差,依据现代物理学的解释,就是物体旋转时,假定完全不受外力,旋转的速度和方向则是一致的;如果受到了外力,则会影响到旋转速度和方向,如果外力的方向和力度是一致的,则旋转速度会发生周期性的变化。我们知道地表是凹凸不平的,地球也并非一个正圆球体,所以在运行时会因为周边星球的吸引力,使得旋转速度发生周期性的变化。因此,太阳每运行一周(也就是地球绕着太阳运行一周),经过上一年的冬至点的时间总会出现一个细微差距。根据现代天文学家的计算,这个细微差距是每年大约相差50.2秒,每71年8个月向后移一度,这就是岁差。

我国古代的科学家们,如西汉的邓平、东汉的刘歆等,都在观测中发现了冬至点后移的现象。但是他们只是将观测结果如实记录,并未能明确地提出岁差的概念。直到东晋初年的虞喜才正视了岁差对历法的影响,并第一次算出了岁差的数据,得出冬至日每50年退后1度的结论。可惜他并没有编制历法,只是提出过将岁差引进历法的建议。后来祖冲之的老师何承天又算出岁差每100年差1度的数据,相比虞喜更加精确。但是他却并没有对此重视,编制《元嘉历》的时候并没有将"岁差"考虑进去。

祖冲之经过了数年观测,也证实了岁差的存在,并推算出岁差45年11个月差1度的数值。冬至点的后移,其实是对历法很有影响的,这也是历法所推算出的冬至点与实际冬至点的偏差越来越大的重要原因。祖冲之决定将岁差引进到新历法中。

当然,当时祖冲之的计算从今天看来也并不精确,现代天文学家算出的岁差为70年后退1度。但是祖冲之将岁差引进到历法中的做法,使历法编制更加科学,是天文历法史上的一项创新,推进了我国的历法改革。后世的天文学家编制新的历法,都参考了岁差。

祖冲之收"师"为徒

祖冲之在撰写数学巨著《缀术》和《九章术义注》(后者已失传)时,当时学者梅公望说:"天下学士能望其(祖冲之)项背者寡……"但梅公望万没想到,祖冲之这样一位绝顶聪明的一代巨

博学多才 祖冲之

子，竟在一次"数学比赛"中败给一个粗通数学的樵夫。

刘宋孝武帝大明年间，祖冲之正忙于编撰《大明历》，好学的樵夫王英杰想拜祖冲之为师，求他赐教数学，但祖冲之嫌王英杰数学基础太差，故屡屡拒收其为入室弟子。王英杰在屡屡求学拜师碰壁之后，心生一计：

大明六年某日，王英杰与人合谋摆下擂台，他自称得异人指点，精通"奇门数学"，愿用"奇门数学"与一代数学大家祖冲之一决高下。祖冲之本不想与王英杰"较量"，但经不住众多好事之徒的软缠硬磨，终于决定与王英杰"切磋术数"（数学）。

是日，祖冲之与王英杰对擂，当时围观者约千余人。公人（擂台主持人）张浩清道："这是一道用心默算的速算题，谁先算对，谁是胜者。届时，负者尊胜者为师，负者必须满足胜者一个心愿。"见祖冲之和王英杰无异意，张浩清朗声报题说："有一渔夫用网捕鱼，第一网捕了27尾大鱼、44尾中鱼、74尾小鱼；下一网捕大鱼36尾、中鱼52尾、小鱼77尾；再下一网……

张浩清一口气报完后，祖冲之已报出答案：大鱼3782尾、中鱼5277尾、小鱼6243尾，共15302尾。谁知祖冲之报完鱼数后，张浩清微笑着对祖冲之和王英杰说："二位先生，此题求解的并非渔夫所捕鱼的尾数，而是渔夫撒网的网数。"见祖冲之张口结舌，王英杰笑道："我已算出，渔夫共撒了59网。"

祖冲之"败"在王英杰手下后,方知上了王英杰的当。当祖冲之见王英杰在胜出为"师"后跪在他面前,方理解其求学的苦心,遂将王扶起,收其为徒。

成就《大明历》

> 这一年,祖冲之三十三岁,他已经完成了当时最完整、最进步、最科学的新历法。他在一千五百年的天文史上,给世界画下了浓墨重彩的一笔!

在我童年的记忆里,总是有一幅画面:繁星满天的夏夜,孩子们在地上玩耍,大人们坐在竹床上闲话家常。多年以后,脑子里面挥之不去的就是漫天的星星。那时候的我们,仰着小小的脸,看着神秘的、浩瀚的星空,常常会天马行空地遐想。现在回想起来,人类对于大自然的研究,多么像一个人从婴儿到青年的过程啊!也许早期的步伐是幼稚的,但是随着我们的长大,终于一步步地打开了宇宙神秘的大门。

前面说了那么多祖冲之发现的前人的错误和遗漏,但是如果没有前人的那些成果,也就不存在"超越"一词了。笔者想要指出的是,这个科学巨匠,他比前人更加细致和耐心,更加有勇气,而这些都是建立在博采众家之长

博学多才 祖冲之

的基础上的。

前辈科学家已经通过长期的观察和实践,积累了成体系的天文历法知识,编制成了数本历法书,如《春秋四分历》《后汉四分历》《太初历》《元始历》《元嘉历》等。我们要说的是什么呢?天文观测没有最精,只有更精;天文历法没有最精确,只有更精确。科学发展到21世纪的今天,天文观测条件和祖冲之时代已经不可同日而语,各种仪器也更加精密。在祖冲之那个时代,他推算出的数据竟然和今天的数据如此接近,让我们心生敬意。

长江后浪推前浪,但昨天的成就永远不会被湮没,可是昨天的成就一定会被超越。相对祖冲之时代,我们是今天,可是相对于遥远的未来,我们的今天将会成为昨天。

再回过头来看祖冲之经过了数年辛苦编著的新历法,是多么令人自豪!

他改革了十九年七闰的旧章法,敢于破旧,并采用少数民族历法的先进理论——采用三百九十一年置一百四十四闰的新闰法,这是一项具有划时代意义的创举。他采用了实践联系理论的路子,用观测来验证理论,用理论来反证观测,最后找准了观测的最佳切入点——冬至日。他每天爬上爬下,上八尺高的圭尺,亲量圭尺;夏天晒黑了,冬天冻伤了,也不能阻止他。他亲力亲为,自行制作刻度精确的观测仪器。熟能生巧,他找到了最佳捷径——冬至前后的日影变化细微,不如观测前后一个月的日影长度,再取平均值。事实证明这种方法大大提高了冬至时刻的精度——《大明历》中

365.24281481 回归年，与今天测定的结果仅有六十万分之一的误差。他肯定前人的学术成果，证实岁差现象的存在，并将岁差引进历法编制，开创了历法改革先河；通过简陋的仪器观测，推算出一个交点月的日数为 27.21223 日，与今天的数据误差为二百七十万分之一。

这一年，祖冲之三十三岁，他已经完成了当时最完整、最进步、最科学的新历法。他在一千五百年的天文史上，给世界画下了浓墨重彩的一笔！他打开了苍穹奥秘的宇宙大门。

不过，当时祖冲之的这部新历法还没有正式的名字。因为祖冲之在世的时候，这部历法受到了来自权贵和保守势力的阻挠，没有被颁行，直到他死后十年，即南朝梁武帝天监九年（510 年），才在他儿子祖暅的奔走下，得以面世。因为此本历法成于宋孝武帝大明六年（462 年）间，便被称之为《大明历》。本书为了叙述方便，一律称之为《大明历》。

别出心裁斗权贵

祖冲之很苦恼，以戴法兴为首的守旧权贵们，反对新的历法，认为祖宗历法不可改。戴法兴虽然官衔不大，但是出任宫廷卫队长，伺候孝武帝左右，深得皇帝信任，他的意见往往能影响皇帝的判断。

博学多才 祖冲之

转眼就到了孝武大明三年（459年）九月十五日。这天晚上，一轮满月。离皇宫大院不远处的戴法兴宅邸，门口红灯高照，石狮子披红挂彩，车如水马如龙。原来此日正是戴法兴四十五寿日，满朝文武都去捧场祝贺。祖冲之经过一番推演，心头有了主意，也加入了祝寿的行列。

祖冲之当时正在华林学省里供职。作为全国最权威的研究机构里的华林学士，虽然无官职，但是此机构却由皇帝专设，房、衣、车、马、食都由皇帝赐予，加上祖冲之世家出身，学问人品名动京城，一唱名帖之后，权臣戴法兴亲自迎了出来。

虽然反对祖冲之的新历法，但是戴法兴还是以名流来贺为荣。宴席上宾主尽欢。忽然，仆人慌乱地来报："老爷，不好了！今晚有谣传……说是有月蚀……"古人认为月蚀预示着灾难。闻听此言，戴夫人气急败坏地就赏了仆人一耳光，仆人连忙跪倒求饶："不是奴才在老爷生日宴席上胡说，是外面贴有告示。"戴法兴闻言满脸杀气。祖冲之从容而起道："正是在下贴的告示。"

戴法兴眼里杀气更盛。虽然祖冲之名望很大，可是在自己寿诞喜庆的日子，怎么能容忍有人说出这等凶灾之事？他嘴里冷冷地蹦出几句肉中带刺的话来："文远（祖冲之字文远）老弟，圣人尚且敬畏上天，你我都是凡人，你怎么敢如此胆大妄为，说你知道天灾降临的时候？你就不怕被上天降罪？"祖冲之先是向戴法兴告罪，却又细细说起来："日月星辰皆有自己运行的轨道，今天正是望日（农历的每月十五），日、地、月正好连成一条线线，月为地所遮，就可能发生月蚀。"

戴法兴说："月月都有望日，为何不月月都有月蚀？"今天祖冲之有意选中戴法兴的寿宴，借机向人们宣讲月蚀，好破除迷信。祖冲之干脆坐了下来，面对宾客说道："我们知道，月亮本身并不发光，反射的是太阳的光辉。当月亮转到了太阳和地球的中间位置的时候，如果月亮的阴暗面正对着地球，则地球上黑暗一片，这就是初一和三十。等月亮转到地球的另一侧的时候，月亮的反射面正对着地球，则地球上光明一片，这就是十五。当地球处于日和月之间的时候，又由于地行轨道与月行轨道不在一个平面上，也就是说两个平面会构成一个夹角（现已测约 5 度 9 分），就是说日、地、月三星只能是大致在一条线上，这个夹角就可能导致月蚀。不过这种月蚀要很多年才会有一次。我在前段时间，正好对月、地、日的运行轨道做了一次精确的计算，算出今天应当有月蚀。"

一席话如同晴空惊雷，宾客中有人开始暗暗点头。纷纷议论：祖冲之精通数学和天文，性格严谨务实，观察运算极为精细，他今天敢在满座宾客面前预言月蚀，应该不是妄言。戴法兴无法堵住宾客之嘴，便凶狠地撂下话："如果今天没有月蚀，可别怨我戴某人不仁义！"祖冲之朗声说道："如果没有出现月蚀，在下愿请戴公降罪！"

只一会儿的工夫，就听到有人惊呼："天狗吃月啦！"满座宾客拥到窗前，只见那苍穹的明满月，一点点地没入

博学多才 祖冲之

黑影之中，渐渐地从圆形变成一弯钩形，如同初一初二的月亮，光影暗淡。戴法兴目瞪口呆，戴夫人忙焚香祷告，带着家人轰"天狗"。一会儿的工夫，月亮又一点点还原成一轮满月。

这一次的智斗，为颁布和推广新的《大明历》起了很好的铺垫和宣传作用。

为科学再斗权贵

这一天，宋孝武帝在侍卫的护送下，进入皇家寺院新安寺求佛。礼佛完毕，接待的法瑶长老问道："陛下，贫僧看陛下龙颜不悦，可有烦心事？"皇帝闭上双目，缓缓地说道："这几天正是为改历法一事犹豫不决。"卫队长戴法兴马上和法瑶长老交换了一下眼色。原来今日进庙正是戴法兴的刻意安排……

一片浮华之风的华林学省，虽然样样舒适，但是远远没有在南徐州那种研究的氛围。在南徐州，上到刺史，下到匠人，都愿意为祖冲之的研究出力。于是爷爷要孙子依然回到南徐州去，不要中断了编制新历的理想。于是祖冲之又回到了阔别一月的南徐州。

大明六年（462年），祖冲之呕心沥血编制的《大明历》终于出炉了。他要把它献给皇帝，他要亲手把这部新历献给皇帝。你想想，一个人数年的理想，经过多少艰难，一朝终于得以实现，心情是多么舒畅。南徐州的官道上，祖冲之喝过刘刺史的送行酒，便绝尘而去。只见古道斜阳，野花烂漫，一骑骏马奔向未来。

祖冲之对自己的研究很有把握，可是对于新历法能不能被皇帝认可，祖冲之却心里没底。因为，环绕在皇帝身边的一帮权臣，尤其是戴法兴，自己当年预测月食还得罪过他，肯定不会让自己的新历法顺利颁行。于是，他写了《上大明历表》请求皇帝颁行，又写了一篇《驳议》来准备反攻戴法兴之流。

果然，当谒者仆射引导祖冲之见到了宋孝武帝之后，一场论战一触即发。

宋孝武帝倒不是完全的昏聩无能，他将新历法交给在朝懂天文和历法的官员们讨论，这本来也是一种常规做法。但是这里重申一下当时的背景，戴法兴作为被皇帝宠信的卫队长，不仅守旧，并且还记恨着祖冲之，于是极力反对。他一表明立场，其他的官员便跟着做应声虫。

年轻位卑的祖冲之多年心血，岂肯后退。他深知这将是一场科学和愚昧的搏斗，一场进步势力和守旧势力的较量。虽然自己势单力薄，但是朝堂之上还是有有识之士的。于是他请求皇帝，要求庭辩。庭辩有点像今天的打官司，双方律师互相辩论，最后法官裁决。

首先是戴法兴咄咄逼人地说，冬至时的太阳位置，是古圣先贤测定的，是一个固定的位置；祖冲之认为冬至点的位

博学多才 祖冲之

置每年都会移动,是污蔑圣贤;十九年七闰的章法也是古圣先贤所制,祖冲之擅改章法,更是大逆不道!

祖冲之毫无惧色,他有理有据地反驳道:"天文学重在数据。据古人的文献记载,就已经说明了冬至点是移动的。通过我多年的亲自观测,也观测到了冬至移动的现象,此是其一。古圣先贤的测定,也是以事实说话。在我们前面也有很多部历法,每一部历法都会超越前人,难道说每一部历法的出现都是在污蔑圣贤吗?此是其二。既然我们已经发现了旧历法的不足,难道我们还不改正吗?《大明历》究竟有哪些不好,都要以事实说话!"

戴法兴无话可说,就拿回归年长度、交点月日数来诘问,但其实是虚张声势。因为他并不是历法家,根本就拿不出科学的数据来驳倒祖冲之。于是他凶相毕露,蛮横无理地说:"新历法再好也不能用。"

祖冲之不再理戴法兴,继续向百官们陈述如何得出的那些数据。许多大臣听了之后恍然大悟,纷纷被祖冲之说服了。但是官场有时候就是这样的,很多人为了自己的仕途,不肯轻易表态支持有理的人。唯有一个名叫巢尚之的大臣有胆有识、不畏权贵,公开支持祖冲之。别小看这个声援,这个敢于公然站出来的人,可正是宋孝武帝未登帝位前的侍读。所谓侍读是皇子们读书的伴读,这可是从小混到大的人。于是,宋孝武帝不置可否,表示先搁置再议。

没想到,这一搁置,又生出了事端。一天,祖冲之又带着自己为新历法写的《驳议》去求见皇帝，谁知宫门守卫连门都不让祖冲之进，说："不是卑职不放你进去，实在是上面交代下来，你的新历法皇上已经不用了，再说也没有用了。"

原来，这次的波折和一门外来的宗教佛教有关。自从张骞出使了西域之后，佛教便沿着丝绸之路传到我国，因为佛教宣传"六道轮回"、"善恶有报"，很能迎合人的心理，于是逐渐被统治者们利用，成为统治百姓的思想武器。当然，佛教的博大精深不是本篇的叙述重点，不作议论。到了南北朝的时候，佛教盛极一时，从皇帝到平民，都以谈论高深的佛理玄机为荣。南朝的梁武帝萧衍，甚至四次摈弃富贵进入寺庙舍身侍佛。杜牧有一句诗很形象地刻画了当时佛门的兴盛："南朝四百八十寺，多少楼台烟雨中。"而实际上据记载南朝寺庙达2846座，僧尼达82万余人。当时的佛门中人渗透到社会的各个阶层，甚至有僧人出入朝堂参与国家大事。宋孝武帝正是在这种大环境下，也成为一个虔诚的佛教徒。

这一天，宋孝武帝在侍卫的护送下，进入皇家寺院新安寺求佛。礼佛完毕，接待的法瑶长老问道："陛下，贫僧看陛下龙颜不悦，可有烦心事？"皇帝闭上双目，缓缓地说道："这几天正是为改历法一事犹豫不决。"卫队长戴法兴马上和法瑶长老交换了一下眼色。原来今日进庙正是戴法兴的刻意安排……

只见法瑶长老故作神秘地诵了一通佛经，便说道："陛

下,历来历法之事,须慎之又慎。历法须应运而生,草率更改,怕上天降罪啊!"

宋孝武帝依然闭着双目,神色却凝重起来。戴法兴又使一个眼色,示意法瑶继续。于是法瑶又攻击新历法:"这历法改革的事,贫僧也听说了。据说那个编制新法之人名叫祖冲之,到处妄言已经知晓天地的奥秘。这实在是对神佛的大不敬。现在又妄言改革历法,实在是不敬天、不敬神的狂徒。"

宋孝武帝听信"高僧"的话,便放弃了颁行新历法的念头。

祖冲之得知消息后悲愤不已,但是又无可奈何,能怎么办呢?封建时代君主的话就是一切,即便是自己满腔热情,一肚子的才华,又能如何呢?

好在,每一时代都会有一些真正的有识之士,来帮助这些势单力薄的科学家。那个巢尚之,一直没有忘记祖冲之的新历法,他知道这是一部超越前人的新历法。他告诉祖冲之,请祖冲之信任自己,他将用几年的时间用新的历法去反证天文观测现象。

转眼数年过去,到了大明八年,宋孝武帝决定启用《大明历》。原来巢尚之将新历法拿到了司天台,司天台通过观测,确实觉得《大明历》要优于现行的《元嘉历》。

可惜又是一波三折,好消息才盼来,宋孝武帝就病死了,太子刘子业即位。刘子业年仅十六岁,大权完全旁落在了老奸巨猾的权臣戴法兴手上,他自然不会让《大明历》颁行,还擅自革掉了祖冲之的一切职务。祖冲之去世后，祖暅继续为父亲的《大明历》奔波，他分别于南朝梁武帝天监三年（504年）、天监八年和九年上书新皇帝，请求颁行。直到天监九年这本历经波折的历法才被正式颁用。可是这已是祖冲之死后十年之后的事情了，距离祖冲之的第一次上表请用已经相隔半个世纪。

第三章

享誉万世圆周率

❧"痴傻"的少年郎

祖冲之被马车挡住了道，猛地惊醒过来。突然，他向前跑去，一把抓住马车的缰绳，大声吆喝道："吁——"车上的赶车老人吓了一跳，还以为出了啥事。只见祖冲之两眼亮晶晶地望着他："爷爷，能让我量量你的马车轮子吗？"

天文学的研究离不开数学，因为对于天体的运算，要用到最复杂的数学公式，当然也离不开简单的数学公式。可以说，祖冲之从小对天文学有多热爱，就对数学有多热爱。祖昌看到自己的孙子对天文学感兴趣，也就有意向祖冲之传授数学方面的知识，一有空就给祖冲之讲解《周髀算经》、《九章算术》等古代著名的数学著作。祖冲之很快就掌握了勾股定理、开平方、开立方的方法，而且还能够求解一般一元二次方程。祖冲之聪明好学，进步很快，当爷爷的当然很高兴。当然，祖昌并没有放弃对祖冲之的引导。

我们都听说过著名的家庭教育故事——孟母三迁。故事是说，孟子小时候，母亲为了正确引导和培养他的兴趣，先后搬了三次家。最后在一所学校边，孟母看到儿子爱上了学习，才稳定下来。这就是环境对一个人志趣的影响。爷爷就像孟母一样，引导着祖冲之在科学的道路上前行。等到祖冲之十四岁的时候，他就开始做爷爷和爸爸的小书僮了。这种从小到大的耳濡目染和来自父辈的言传身教，影响了少年祖冲之一生的人生道路——他的心中播下了科学的种子，身上浸染着祖家脚踏实地的作风，流淌着为苍生济福的志向。

转眼就到了宋文帝元嘉十九年（442年），少年祖冲之已经有了不小的名声。朋友们肯定会问，他那么小就发明创造了什么吗？其实啊，这个可是"傻呆呆"的名声啊！

原来，少年祖冲之进了一所皇家学校。这所学校名叫国子学，只有士族子弟和官家子弟才可以入学。这所学校里聪明的少年非常多，教学的老师也是一顶一的大学问家。

一天，老师教学生们圆周率，并说任何一个圆，圆周长

博学多才 祖冲之

都是圆直径的三倍。祖冲之心里觉得神奇极了，晚上回家了，还在琢磨这句话。"圆周是直径的三倍？"这我可得去测试一下。

说干就干，第二天一大早，他就去翻妈妈的针线包，找绳子。咦？妈妈的针线簸箩正好是圆形的，得量量，嘿！还真是差不多三倍！其实啊，这也是差不多而已，因为针线簸箩并没有那么规则。

过了一会儿，他又去量家里的碗啊、盆啊、桶啊。发现问题了，他发现圆周长似乎要比三个直径的长度还要长一点。他怀疑是不是自己的测量方法弄错了，或者是说这些测量的家伙都不是十分的圆。

他一边想着，一边就拿着绳子出了家门，还边走边比画，伙伴们跟他打招呼他也浑然不觉。过了一会儿，几个小顽童看见他一个人嘴里念念有词，双手不停地在那里画圆圈，便嘻嘻哈哈地跟在后面，准备看祖冲之的笑话。

祖冲之只顾着往前走，一辆运载粮食的马车不紧不慢地走了过来。他被马车挡住了道，猛地惊醒过来。突然，他向前跑去，一把抓住马车的缰绳，大声吆喝道："吁——"

车上的赶车老人吓了一跳，还以为出了啥事。只见祖冲之两眼亮晶晶地望着他："爷爷，能让我量量你的马车轮子吗？"

老人同意了。祖冲之用绳子把车轮裹了一周，量出了圆周周长。他又把刚才那一段对折成三段，然后再去量车轮的直径。千真万确，那个直径比三折之后的那一段要短点！这是怎么回事呢？祖冲之索性站在路边，又拦截了几辆车，量了车轮的周长和直径，结果一样。

祖冲之把马车一拦，可就出了"傻名"了。当然，大家后来都知道了，这是祖家的大孙子，是个聪明小子，学什么都有一股钻劲。

不过，这个直径比三分之一周长短的问题，始终在祖冲之的脑袋里转，这是为什么呢？

爷爷说："要想创新，先要博学。古往今来的科学家，凡是有创新的人，无一不是先钻透了学科知识，而后才创新的。你如果要想搞清楚圆周率的问题，就去把所有关于圆周计算的历史资料先去钻透，等钻透了，再回过头来解释你想要弄清楚的问题。"

祖冲之记住了爷爷的话：要想创新，先要博学。他埋头于古人的著作，整天读呀算呀，简直到了如醉如痴的程度。

据史书记载，说祖冲之"少稽古，有机思"。意思是说，祖冲之很小的时候就学习、考察古人的著作，善于思考问题。祖冲之后来回忆说他曾经"搜炼古今"，即阅读大量古今著作，从中汲取精华。工夫不负有心人。由于祖冲之的勤奋好学，很快就有了"博学多才"的名声。二十出头的时候，他在当时的建康城里，已经很出名了。

博学多才 祖冲之

动荡岁月的坚守

为了要将这部新历法推上前台,祖冲之跟戴法兴据理相争,斗了十来年,不仅历法没有被颁行使用,连职位都被革掉了。祖冲之的职位被革之后,父亲也受到了牵连,祖父祖昌也离开了人世。

话说南北朝虽然动荡不堪,但是一旦稳定下来,就能迅速进入一个科学的鼎盛期。这又是为什么呢?因为当时的统治者还是比较重视科技的发展的。我们单说祖冲之所处的建康城。这座古老的都城史称"六朝古都",作为都城已经延续了三百余年,各行各业的人才济济。据史料记载,六朝古都建康,人口过百万,是当时世界上第一个人口过百万的第一大城市,一直是南方的政治、经济、文化中心,科技、艺术和文学等领域空前繁荣。近代研究中国历史的西方历史学家一致惊叹:灿烂的"建康文明"足以和西方"古罗马文明"媲美。

王朝的更迭,对农业和手工业便有了更高的要求,这样就对天文和历法也提出了更高的要求。

前文已经说过,祖冲之二十出头的时候,正逢宋孝武帝当政。祖冲因为好学博闻,被宋孝武帝征召到皇家最高学府华林学省读书,祖冲之也因此有机会接触到大量难以见到的国家藏书，为他日后的非凡成就做好了铺垫。

其实除了在华林学省有一个荣耀的华林学士头衔，祖冲之还被征召到总明观任职。总明观虽不是皇家学府，但却是一所具备现代综合性大学雏形的国立高等学府。它不同于单科性质的学校，集合了藏书、教学和研究的三种功能，并将学科分为分儒、道、文、史、阴阳五科，每科配置总明观学士十人，学生可以自行选择科目。这种得天独厚的优势，使得祖冲之得以博览天下藏书。

再就是祖冲之家中也拥有大量关于工程建筑等计算方面的书籍。古代建筑讲究风水，讲究阴阳五行，讲究五德。建筑和天文、数学是密不可分的，故家传天文类和数学类书籍也不在少数。这就使得祖冲之从小耳濡目染，并少年成名，为先后进入国子学、总明观、华林学省打下基础。

我们可能认为，祖冲之的条件太优越了。殊不知，如果不是本身的好学，优越的条件往往能消磨一个人的斗志。我们可能又以为，祖冲之在他的科学王国里，一心一意弄学问，没有丝毫的外界干扰。其实不然。

祖冲之从出生到去世，经历了三个皇帝。我们知道，凡有皇位之争，必将兵灾人祸接连不断。外面的环境如此纷乱，哪能不波及每个家庭，只是祖冲之比寻常人更加意志坚定，更加能静心而已，在乱世之中坚守自己的科学研究。这说起来容易，坚持下去却是很难很难的。

更何况，祖冲之不是一个"关在小院成一统，哪管门外春与秋"的"套子"里的人。作为一个士族子弟，他还得为

博学多才 祖冲之

国家效力。大明五年（461年），祖冲之被调至南徐州（今江苏镇江）刺史府，除了公务，每天坚持的就是观测天象。也正是在此期间，他开始谋划编制《大明历》，并完成了这部历法。由于要将这部新历法推上前台，祖冲之与戴法兴据理相争，斗了十来年，不仅历法没有被颁行使用，连职位都被革掉了。祖冲之的职位被革之后，父亲也受到了牵连，祖父祖昌也离开了人世。多少年来，祖冲之在祖父的庇佑、鼓励下前行，祖父的死让他心里特别难受，更何况祖昌是在祖冲之被戴法兴压制、却无法帮助孙儿之后加重了病情死亡的。祖冲之作为世家子弟，没能挑起光宗耀祖的重担，反而被打击得失魂落魄，还连累了祖父和父亲，一些原本走动得很密切的世交一时间都和祖家断了来往。

值得庆幸的是，直到宋明帝泰始六年（470年），祖冲之又被总明观征召，到了宋后废帝元徽三年（475年）左右，祖冲之又被任命为建康谒者仆射（负责向皇帝传递信息、引导人拜谒的职位），一直到宋顺帝昇明三年（479年），也就是这一年南北朝时期的宋朝结束。公元494—498年，冲之担任长水校尉一职，此时已是南齐朝廷。

在那个动荡的时代里，一个要想出成绩的科学家，唯有自己对科学研究的坚守。不然，一旦陷入困境，还有什么力量支撑理想？或者说，一旦战争，皇位之争刀兵不休，谁来关注你研究的是什么呢！一旦稳定，有了安逸富裕的生活，你还能有耐得住寂寞、耐得住日复一日观测的枯燥、耐得住年复一年上万次的计算吗？

难解的圆周

求圆周率的值从古到今都是一个非常重要的研究课题。对于数学家来说，进行初步的运算并不难，难就难在一步步深入，难在计算工具的简陋和计算强度。

祖冲之在被革职之后十分苦闷。他三十三岁编制出《大明历》，却在《大明历》的推行上虚耗了几年的光阴。有一天，祖冲之对着铜镜整理衣冠，镜中人的鬓角由于忧愁困苦已经可见丝丝白发。他不禁痛苦地喃喃自语："人生百年，如同白驹过隙。我今年才三十六岁啊！三十六岁！难道我就要这样沉沦下去了吗？"

人生七十古来稀。在古代，因为人们的医疗条件和生活条件普遍没有现在好，虽然有高寿的人，但是人们普遍寿命不长，能活到七十就很不错了。祖冲之眼看自己人到中年，呕心沥血编制的新历法得不到认可，还饱受打击，心中的苦痛自不必说。

这时，祖冲之的儿子祖暅过来向爸爸请教数学问题。这个时候的祖暅正是十三岁的年纪。祖冲之看着他的样子，突然，心如刀绞：眼前的孩子多么像当年的自己啊，聪明好学。想当年自己十三岁的时候，已经进入国子学读书，每逢有不懂的问

博学多才 祖冲之

题,就跑去问爷爷。想起爷爷,祖冲之不禁回顾自己的前半生,每逢遇到困难和挫折的时候,爷爷的告诫和鼓励就回响在耳旁。爷爷一定不愿意看到我今天这副没有斗志的样子的,想到这里,祖冲之心里又充满了力量。虽然历法的推行难以实现,但是总有一天人们会认识到它的价值的,我不能虚掷光阴,我要干实事。工程建设、水利兴修、土地丈量无一能离得了数学,我不妨从数学入手开始新的研究。

天文学和数学密不可分,祖冲之的数学水平也必定是顶尖的。祖冲之的心又静了下来。他就像以前遨游在天文王国一样,一头扎进了数学王国里。

他想起少年时代曾经一度想解开的圆周率之谜,现在正好入手求解。

求圆周率的值从古到今都是一个非常重要的研究课题。对于数学家来说,进行初步的运算并不难,难就难在一步步深入,难在计算工具的简陋和计算强度。

什么是圆周率呢?我们用通俗的方法来加以理解。用圆规画出一个圆,并标出圆心,从圆周到圆心上的任意一点的距离为半径,直线穿过圆心和圆周上两点的线段就是直径。圆周周长和直径的比例就是圆周率。这个圆周率是一个常数,现代数学用希腊字母"π"来表示。

因为圆形在生活中、天文历法中、土木建筑等领域的运用很普遍,凡是一切牵涉到圆的计算问题,都必须使用到圆周率。所以能如何正确地、精确地求出圆周率的值,便成了世界数学史上的一个重要课题。

我国劳动人民早就根据经验，得出了"径一周三"的结论。如在我国古代数学著作《周髀算经》和《九章算术》中就明确指出径一周三的古率，意思是假定直径为一，则圆周周长为三。而西汉刘歆经过推算，将圆周率精确到了小数点后四位数，得出了数值3.1547。东汉的张衡也将圆周率精确到了小数点后四位数，得出了数值3.1466。前一位数学家和后一位天文学家都将圆周率计算到了小数点后四位，都打破了径一周三的古率，大大提高了圆周率的精度。可是，不是说圆周率是一个定值吗？怎么两位大科学家算出的结果差异这么大呢？你们看，除了3.1是相同的，小数点后面第二位数一个是5，一个是4。那就说明，这两位科学家打破了古率，将圆周率的精度提到了小数点后一位，是毋庸置疑的。

祖冲之就这样从头到尾一个个地来验证前人的研究成果。

师法前人

一天，祖冲之正在看刘徽的圆周率，这一看，就看出了契机。原来，前面的刘歆和张衡两位科学家计算圆周率，还是没能跳出"径一周三"圆周比率的那种计算方法——用圆内接正六边形周长和直径之比来计算圆周率。内接正六边形周长当然不等于圆的周长，而是小于圆周长的。虽然两个周长数

博学多才 祖冲之

字很接近,但是这样一来,分子都改变了,比率能不变吗?比率能精确吗?

刘徽高度抽象的概括力让祖冲之折服:这种"割圆术"的极限概念真是前所未有!他不禁喜不自胜,连连拍案,连连称赞:"了不起啊!了不起啊!"这个时候他才发现儿子给自己披上了棉大衣,连忙对儿子说:"儿子,你知道吗?父亲可以开始圆周率的计算了!是刘徽给了我灵感啊!"

祖暅从小接触数学,具备了比较系统的数学知识,思索了一下,便问父亲:"是那个三国时代的数学家吗?"

"是啊!正是他!"

"他的什么理论给了父亲灵感呢?"

刘徽在著作里明确提出一个科学的方法,采用"割圆术"求圆周率。因为割圆术的无数次分割,内接周长将会越来越接近圆周周长。祖冲之敏锐地感到刘徽的思路是对的,刘徽计算出的 3.14 应该也是一个正确的数字。他不由得感慨地对着儿子祖暅说:"其实刘徽的这本论述我少年时代就看过,却一直没有认真思考。看来只有用心思考,才能有所得。"他顿了顿,又继续说道:"不过,刘徽的 3.14 也不是一个精确的数字。"祖暅惊讶地望着父亲。他虽然年纪小,但是已经对数学有了比较深的理解了,于是问道:"为什么呢,父亲?要知道刘徽可是将内接圆分割到了九十六等分了,难道还能继续分割?"

祖冲之点点头:"是的,孩子。思路对了,剩下的就是精确。九十六等分并不是极致,我们完全可以分得更细。"

祖氏父子这段对话,很值得今天的学子们思考:这就是对待学术研究的态度,既要重视古人的研究成果,又不要迷信古人。用他在争取《大明历》颁行时写的那篇《驳议》里的话来说,就是不"虚推古人",而是"搜炼古今"。在这一点上他言行一致,也给儿子做出了榜样。在编制《大明历》的时候,孩子还很小,现在孩子已经十多岁,正是如饥似渴学习的好时节。他决定带着孩子一起来推算这个圆周率,超越一切前人的成就。他带着儿子一起对刘歆、刘徽、刘洪、张衡、阚泽等人的著述一一精研,汲取一切先进的理念。另一方面,他又查漏补缺,修正了很多前人的错误。

再回到"割圆术"上来。数学家刘徽为《九章算术》作注时便创新了圆周率推算的方法,他采用了割圆术。他先把圆的直径设为一,然后把圆周平分为六等分,接着在六个等分点上做出六条直线,即内接正六边形,然后用勾股定理算出这个内接正六边形的长度之和;然后用同样的方法依次作内接十二边形,二十四边形……当时的刘徽一直分割到了内接九十六边形。最后,他得出了近似值为3.14。可见分割的次数越多,它的边长便越接近圆周周长。在进行割圆的过程中,刘徽的观念已经接近现代数学中的极限概念。割圆术是探求圆周率精确数值的一种有效方法,后人为纪念刘徽的创新,将他求得的3.14称为"徽率"。

不过,这里要提一句,从理论上说,内接正多边形的边数增加到无限多时,则内接正多边形的周界就会和圆周重

博学多才 祖冲之

合,因此,计算出来的内接无限正多边形的周长就和圆周周长相等。其实,这是不可能的。所谓极限,就是没有一个固定点的无穷数。因为我们不能把内接正多边形的边数增加到无穷多,所以,这个无限正多边形的长度和也只能无限接近圆周,我们求出的圆周率也只能是个无穷小数。现代科学家评判圆周率的成就,比的是小数点后面的位数。

我们知道,圆周率是一个永远也除不尽的小数,现代科学家已经利用先进的仪器算到了小数点后几万位数字的圆周率。可是在古代的世界数学史上,能精确到小数点后一位就已经是划时代的创举。祖氏父子决定推算圆周率之后,将会有不知道多么艰难的计算和分割在等着他们。

父子俩开始仔细地、审慎地再次揣摩刘徽割圆术的精妙之处。我们用一种通俗的方法来理解,这就是:刘徽认为,圆内接正多边形的面积与圆面积有一个差,但是这个差,可以用无限次数的分割和拼补来缩小。那么,举一反三,内接正多边形的和与圆周周长也就有一个差,这个差也可以用无限分割来缩小。这正如刘徽的原文所说:"割之弥细,所失弥少,割之又割,以至不可割,则与圆周合体,而无所失矣。"这是一种极限思想和无穷小分割的方法。就是说圆内接正多边形的边数的不断加倍,则内接正多边形的长度和与实际周长的差就越小,当边数分割到极限的时候,圆内接正多边形的周长也就极其接近实际圆周周长了。可是,通过割圆最接近圆周的话,需要将圆分割到3072边形。这项工作是极度困难,是一种神奇的精加工技术,也正是割圆术的精妙之处。这种计算圆周率的科学方法，带领着中国科学家们领先世界其他国家一千多年。

验证割圆术

这是为什么呢？祖冲之陷入了沉思，脑海中一遍遍地回想计算的过程。祖暅说："父亲，我们的计算可是慎之又慎，一定是刘徽弄错了。"祖冲之却表示不同意："刘徽是个很严谨的科学家，要否定他的错误，必须拿数据说话。这样吧，我们再计算一遍，看看到底是怎么回事。"

祖氏父子说干就干，他们按照刘徽所述，开始准备工具。祖冲之先在院子里找了一块平整的地，然后取一根长一丈的线，对折之后两端分别系在两根细细的竹签上，一端竹签插入点为原点，要儿子固定支撑，另一端竹签被他绷直着绳子画了一个规整的圆。这个圆画完之后，祖冲之又去寻找篾匠，和篾匠一起在竹林里寻找粗直的竹子，请他做成了直径一丈的圆与所画的圆周相合，又请篾匠做成了长长短短的竹条。

然后，父子俩开始按照刘徽的方法割圆。他们按照正六边形，正十二边形，开始尝试着计算和分割。刘徽分割出的一百九十二边形需要将正六边形割五次，今天看起来很容

博学多才 祖冲之

易,但是对于不能进行 CAD 制图的古人来说,可是相当难,因为有一个精度问题,并且要计算大量方程式。还有一个棘手的问题就是,如何一开始就确定好正十二边形边长之和的精度究竟要达到小数点后几位!如果位数太多,工作量则会激增;位数太少,那么越往后,精度越会下降,难以达到预期效果。

今天的人们很难想象当年的计算工具到底是什么样。我记得小时候看电视里面的古人,搬着厚厚的竹简去上学,就替他们累得慌。传说东方朔写了一篇文章请汉武帝看,结果几车的竹简,汉武帝花了两个月的时间才看完!就不用说要用一笔笔刻字的作者东方朔了!

当年的计算工具就是算筹。现代人最熟悉的莫过于计算机了,无论多么复杂的算式,用计算机一下就给你算出来了,又快又准。年纪再大些的人,则对算盘很熟悉,只听噼噼啪啪一阵响,珠算熟练的人也能马上给你算出数字来。可是在发明算盘之前,又是用的什么工具来进行计算的呢?那就是算筹。可别小看了这一根根小竹棍,它可是在我国存在了近两千年呢!我们的老祖先要算数,得随身携带一大把算筹。

根据史书的记载,古代的算筹就是一根根长短相同、粗细均匀的小棍子,一般长度为 13cm—14cm,厚度为 0.2cm—0.3cm。因为竹子取材容易,加工也容易,故算筹多用竹子削制而成。其他木头、兽骨、象牙和金属材料制作的比较少见。算筹大约二百七十多根为一束,平时放在一个布料厚实的布袋里，需要记数或者进行计算的时候就取出来，找一个平整的地面就能开始摆弄。当年祖冲之和儿子计算圆周率，用算筹可是用到极致了。这些小竹棍可是为圆周率的计算立了大功的。可能有少年朋友不以为然，认为一个小竹棍，又有什么好说的。可是当我说出小小算筹，也是经历了一番历史的进化的，保准你们也会佩服古人的智慧。

在运用算筹计数的时候，算筹以纵式和横式两种排列方式来表示不同的单位数目。我们分别用0、1、2、3、4、5、6、7、8、9的排列方法。0用空位表示。1—5则分别用纵式排列出相应的数字，比如1则用一根算筹，2则用两根算筹，3、4、5类推。6—9则分别用以上算筹再加上下面相应的算筹表示。如果要表示非个位的数值时，个位用纵式，则十位用横式，百位再用纵式，千位又用横式，纵横摆放以示区别。此种计数方法遵循一百进位制。据《孙子算经》记载，算筹记数是有法则可循的："凡算之法，先识其位，一纵十横，百立千僵，千十相望，万百相当。"《夏阳侯算经》说："满六以上，五在上方，六不积算，五不单张。"

算筹最早出现的时间和地点，是什么人发明的，都已经无据可考，但据零星的史料推算，最迟在春秋战国时期算筹就已经开始使用，因为那时候算筹的使用可以说是非常普及了。我们前面说过，算筹是一种削制成一根根同样长短和厚度的小竹棍，那么如何来用它们表示各种数目呢？

博学多才 祖冲之

我们知道，算筹是有纵式和横式两种不同的，这是我们祖先的又一创举，因为那已经涉及了十进制的思想。我们知道十进制，通俗的来讲就是"满十进一"。我们今天在数数的时候，先从个位数到十位，再从十位数到百位，又从百位数到千位。10个1就是10，10个10就是100，10个100就是1000，这就是满十进一的十进制含义之一。含义之二则是讲"位值制"，就是说，每个算筹所表示的数值，不仅看它本身的数码大小，还要看它是被摆放在什么位置上。比如算筹5，摆在个位上就是表示5，摆在十位上则表示50，摆在百位上就表示500，摆在千位上就表示5000，依次类推。说一句题外话，我国古代不仅有十进制，还有二进制，这两种数学思想都远比西方的萌芽早。据记载，我国在商代的文献中，就考证出当时已经具备了十进制的萌芽。

我们的祖先发明的这种算筹之所以存在了近两千年，是因为有它的特色：一是携带方便；二是按照筹算规则，算筹可以计算任意大的数。我们来看一下，纵→横→纵→横……可以一直摆到亿万位都没有问题，只要你需要。只要你掌握了算筹的计算方法，了解了算筹的表示法和规则，只要你认真仔细，算多大的数字都不会混淆。

说了这么多，少年朋友们可能还是不觉得算筹的精妙之处。的确，在电脑时代，这一切又算得了什么呢？但是只要把我国古代的十进位制的算筹记数法和世界上其他国家的计数法一比较，优劣就出来了，我们算筹法的优越性是毋庸置疑的。首先，古代罗马的计数系统只有七个基本的符号，没有位值制，如果数字稍大一点计数就困难了。其次，古代玛雅人虽然也有位值制，但使用的是 20 进制。再其次，古代巴比伦人虽然也用位值制，但使用的是 60 进制。

20 进制需要 19 个数码，60 进制需要 59 个数码。这两种进位制，由于记数复杂，便使得运算也更为复杂，远远不如只需要 9 个数码的，又可以表示任意自然数的十进制方便、简单、精确。我国古代数学家们之所以在数学上能获得如圆周率那样的成就，在很大程度上和我们的祖先发明了十进位制的算筹有关。马克思在其著作《数学手稿》中称：十进位记数法是人类"最妙的发明之一"是名至实归的。现代数学就是采用的十进位制计数法，和我国古代的十进位制计数法不谋而合，只是现代数学增加了一个"0"的数码。

再回过头来说祖冲之计算圆周率的故事。祖冲之沿着刘徽走过的路，开始一步步地验证。当时，数字运算完全靠着算筹进行运算，祖暅蹦进蹦出地内分割圆、摆算筹，祖冲之记录和安排。两人废寝忘食月余，才好不容易算到了内接九十六边形，可是和刘徽的结果一核对，居然比刘徽的内接周长少了 0.000002 丈！虽然差异很细微，但是，科学来不得半点马虎。

这是为什么呢？祖冲之陷入了沉思，脑海中一遍遍地回想计算的过程。祖暅说："父亲，我们的计算可是慎之又慎，一定是刘徽弄错了。"祖冲之却表示不同意："刘徽是个很严

博学多才 祖冲之

谨的科学家,要否定他的错误,必须拿数据说话。这样吧,我们再计算一遍,看看到底是怎么回事。"

祖暅目瞪口呆地看着满地的算筹,撅着嘴不情愿地重新排列。他们又经过了一个多月的运算。这一次,父子俩慎重地把每一步都运算两遍,等两边结果一致才进行下一步运算。等到再次内接到九十六边形时,他们得出的结果和刘徽的结果一致。这证明刘徽的结果是对的。

父子俩一鼓作气,继续往下分割,等过了九十六边形之后,越往后越艰难,每一次的计算时间更长了,更需要慎重了。

祖冲之在家埋头和儿子计算圆周率,全然不理会外面已经是春去秋来,全然已经忘却了世上还有兵灾,还有人祸。穷兵黩武的统治者们为了自己的皇权,到处整肃异端。

这一天,祖氏父子正在分割着内接圆。这次分割的是三百八十二边形,祖暅小心翼翼地摆放着内接圆,祖冲之则正在摆算筹。突然,一阵吵嚷声从门外传了进来,还没等祖冲之反应过来,只见一伙兵破门而入,转眼之间就把地上的圆和算筹踢得乱七八糟。

祖冲之气愤不已,正要上前理论,就看到一个官员和僧人踱进门来。那个僧人说,天下有人施展妖术作法,他们听人举报,说祖冲之数月闭门不出,在家画圆,便前来"破妖法"。祖冲之又气又好笑。幸而那个官员看到地上的算筹,也知道祖冲之的天文、数学无一不精,等问明白了是在算圆周率，当下心生敬意，便令人不得再骚扰祖家。

盈数和朒数

> 现代科学家对于祖冲之求出盈数和朒数的方法颇有争议。有科学家认为朒数是用割圆术作圆的内接正多边形求得的；而盈数却是用的另一种方法，用作圆的外切正多边形求得的。

据《隋书·律历志》记载："宋末，南徐州从事祖冲之更开密法。以圆径一亿为丈，圆周盈数三丈一尺四寸一分五厘九毫二秒七忽，朒数三丈一尺四寸一分五厘九毫二秒六忽，正数在盈朒二限之间。密率：圆径一百一十三，圆周三百五十五。约率：圆径七，周二十二。"

这里面讲到了两个数字：一个盈数，一个朒数。

盈数和朒数还有两种解释：过剩的近似值和不足的近似值。盈数 3.1415927，朒数 3.1415926。圆周率的真值则在盈数和朒数之间，用直观的不等式来表示就是：朒数 3.1415926 < 圆周率真值 π < 盈数 3.1415927。

现代科学家对于祖冲之求出盈数和朒数的方法颇有争议。有科学家认为朒数是用割圆术作圆的内接正多边形求得的；而盈数却是用的另一种方法，用作圆的外切正多边形求得

博学多才 祖冲之

的。关于"朒数"这种说法,被大多数科学家认同。因为用内接法,便是从圆的内接正六边形算起,然后依次加倍,一直需要算到内接正24576边形,内接多边形的各边长度总才能渐渐接近圆周周长。用此方法求出的圆周率为3.14159261,这是小于圆周率真值的数字。

以现代科学家对祖冲之的研究,他们认为祖冲之不会墨守刘徽内接圆的成规,而是会从"割圆"这种方法上获得启发,进行外切圆的计算。因为以祖冲之的数学水平,会突破成规,从外切正六边形开始计算,来逐渐无限接近圆周,来试求圆周率是完全可能的。这种外切法也像内接法一样,成倍增加把外切正多边形的边数,等同计算到正24576边形时,也是无限接近圆周的。通俗的说就是:内接正多边形的边长总和<真实的圆周周长<外切正多边形的边长总和。通过外切圆的方法求出圆周率3.14159270208。因为外切正多边形的边长总和大于圆周周长,故圆周真值要小于外切法求出的圆周率,然后用四舍五入法得出3.1415927的数据,称之为盈数。

当然,祖冲之到底有没有同时用过内接和外切这两种方法来框定圆周率真值,我们还没有有文字可考的记录。也就是说,我们知道朒数和盈数,却不知道它们的确切来历。但是,科学往往是"大胆假设,小心求证"。前往科学的道路上,我们不妨大胆假设。因为我们也认为现代的数学家们推测的祖冲之求的圆周率范围的方法,合乎科学的想象。

尽管只是推测，但是祖冲之求出的"盈数和朒数"，明确了圆周率的上、下限，是毋庸置疑的。要知道，在一千五百年前，这可是划时代的成就。

数万次的算筹

> 亲量圭尺，躬察仪漏，目尽毫厘，心穷筹策，
> 愿闻显据，以核理实，浮词虚贬，窃非所惧。
>
> ——祖冲之

第一次的计算因为一些士兵的莽撞，而功亏一篑，祖冲之父子俩数月的辛苦也毁于一旦。不过，由于采用刘徽的割圆术，已经让祖冲之坚定地认为，这是一条可行的路子。于是在心痛了几天之后，祖氏父子又置办了一套用来计算圆周率的工具，准备重新开始计算。这一次，比上一次的速度快了一些，毕竟已经有了经验。但是越往后，祖冲之就知道了为什么刘徽这样一位伟大的科学家会停止在九十六边形那里止步不前了。

由于当时没有引进阿拉伯数字可以进行运算，也还没有发明算盘，更不用说电脑了。祖冲之父子为了对圆周率进行精确计算，花了整整两天时间来削竹棍进行算筹。

要作如此精密的计算，不仅仅是对脑力的考验，也是对体力的考验。算筹的缺点就是计算的位数越多，摆放的

博学多才 祖冲之

面积就越大,具体用到圆周率上那摆放的面积就相当大了。算筹还有一个缺点就是每计算完一次就需要再摆式子进行新的计算,故每一个步骤都要记下,一旦哪个环节出了误差,比如算筹没有摆正或者某个算筹被摆错了,那就要重新开始了。祖冲之要进行运算,每个步骤都需要反复十几次的运算,加减乘除和开方加起来一个步骤得有五十次。即便是用纸和笔,要算到小数点后的十六七位,也是一件艰难的事。回过头来再想想,一千五百年前祖冲之没完没了地摆放数以万计的算筹,是一种什么样的力量支撑着这项伟大的运算!

父子俩将堆成小山的竹棍准备好后,便开始了算筹。他们采用的是割圆术和算筹相结合的办法:在院子里画了一个直径为一丈的大圆(因为圆周率是周长与直径之比,直接把直径定为一丈,可以省掉再除一次的程序)。他们是用什么东西来画圆的呢?原来,是用的规、矩、准、绳等工具。说起来,这又是我们的老祖先传下来的宝贵方法。在西安半坡文化遗址出土的陶器上面绘制着用1—8个圆点组成的几何图案,有等边三角形和正方形,半坡遗址上的房屋地基呈圆形和方形。既然有了这些规则的几何形状,我们就可以推测出半坡人已经发明制造出了画圆作方的工具。事实证明,半坡遗址后来又出了规、矩、准、绳等用来画图和测量的工具。根据《史记·夏本纪》的记载,已经证实夏禹在治理黄河的时候就已经使用了这些工具。

再回到祖冲之父子的大圆里来。只见祖晅将大圆依次分割为六等分，又依次在圆里内接十二边形、二十四边形、四十八边形……每一次的分割，祖冲之都要按着《九章算术》里的勾股定理用算筹摆出乘方和开方等算式，以此来依次求出分割出多边形的边长和周长。

祖冲之计算，祖晅在那个大圆里跳出跳进地拿算筹，报数字，不分昼夜。周围的一切仿佛只剩下了眼前的这个不断被分割的大圆，直算得兔走乌飞，绿白相间的新竹磨破父子的手指，竟染上了斑斑血痕。

直到分割到九十六份的时候，那内接的九十六边形，几乎已经与圆快重合了。当年三国时代的数学家刘徽就是停步于此，用计算出的 3.14 给《九章算术》作的注解。科学的道路，越往后越艰难，九十六份的时候就是一个坎，再难跨越。夜已深沉，小祖晅毕竟是个孩子，竟然坐在地上睡着了。

祖冲之看着搭起来已经接近圆的内接九十六边形，看着自己算出的 3.14 的数据，摸着缠了布条的手指，觉得实在不想放弃。如果说工作只能止于前人的研究成果，那还有什么进步可言呢？那还算得上什么研究呢？不过是验证前人成果罢了。

没有想到，好事多磨，正在祖冲之苦苦思索的时候，只听一阵稀里哗啦的响声——一阵夜风进来，拂动窗幔，将竹算筹摆起的算式扫得七零八落。这个算式才摆好还没来得及得出答案和验算！祖冲之一个箭步跨过去，用渗着血的手指抚摸着算筹。每算一遍，他就要进行十一次加减

博学多才 祖冲之

乘除和开方运算。这一次的算筹算是白费了。科学家的执著让祖冲之从懊恼里摆脱出来，他索性将桌上的残式全部打乱重摆起来。

一连数月，月儿圆了又缺，阴了又晴，不辞辛劳地陪着祖氏父子一直把地上那个直径一丈的大圆分割到24576份，也就是说内接24576个内边，也就是说他们已经经过了12288次的分割，也就是说经过了完全人工的135168次的加减乘除和开方运算！经过漫长的、枯燥的运算，此刻祖冲之已经将圆周率精确到了3.14159261。他知道还可以不断地分割下去，内接多边形的周长会更接近于圆周，但是此时小数点后的数字已经到达第8位，内接圆周再增加也不会超过0.00000001丈了，所以圆周率必然是在3.1415926和3.1415927之间。于是，祖冲之将圆周率定在了"3.1415926和3.1415927的上下二限"之间。

上下限的提法是祖冲之的首创，直到一千年后阿拉伯数学家阿尔·卡西的计算才超过了他的精度，而这时候计算工具和计算水平也早已不能和祖冲之时代同日而语。

圆周率的历史意义和现实意义

祖冲之之所以下定决心精算圆周率，正是因为它有着积极的现实意义，因为圆形随处可见、用途广泛。祖冲之仔细地研究过度量衡。度：计量长短的器具；量：测定计算容积的器皿；衡：测量物体轻重的工具。这三种测量工具与数学、天文、建筑、律学、物理、冶炼等科技的发展息息相关。

我们并不是躺在祖先的功劳簿上洋洋自得，也不是厚古非今。要知道中华民族六千年的文明史，曾经有多少个世界第一！我们的祖先曾经创造了灿烂的文明。四大文明古国已经有三个都已经湮没在历史的长河里，唯有我们中华民族，从历史遗迹可考的湖南澧县城头山文化开始，六千年的光阴，经历了多少朝、多少代，经历过多少战争、多少杀戮，经历过多少外敌的入侵、遭受过多少屈辱，可是我们伟大的民族依然雄立在世界的东方！为什么呢？因为我们的文化有根！因为我们有祖冲之这样不计名利的科学家！有仁人志士，有铁肩担道义的智者，有兼善天下的圣人！如果我们的民族要复兴，必将需要一辈辈的人向着祖冲之他们开辟的道路前进！

当代著名数学家华罗庚先生在1964年祖冲之的诞辰纪念大会上发表演讲：祖冲之虽已去世一千四百多年，但他广泛吸收古人成就而不为其所拘泥、艰苦劳动、勇于创造和敢于坚持真理的精神，仍旧是我们应当学习的榜样。

祖冲之在数学上的成就，首先就是圆周率的计算。成书于唐代的古籍《隋书》、元朝大德丙午年《隋书》的刊本，就已经详细记载了关于祖冲之圆周率几个重要值，为数不少的明朝之前的数位科学家在自己的著作中都引述过

博学多才 祖冲之

祖冲之的圆周率,可见圆周率对后代科学家研究的影响重大。

现代科学家发现,如果祖冲之按照刘徽的"割圆术"方法去求的话,一直算到圆内接24567边形的时候,那多边形所需要的竹子将达上百斤!这是多么让人惊讶计算量!难怪祖冲之的圆周率数值,能独领风骚1500多年!他推算并证明了圆周率应该在3.1415926和3.1415927之间,他使得世界上其他国家的数学家们见识了中国古代数学的高峰,他是世界第一人!他是第一个把圆周率推算到小数点后八位,精确到小数点七位的人。往者虽已逝,来者犹可追!一千多年后,阿拉伯数学家阿尔·卡西和法国数学家维叶特才达到了这个精度。

其次就是密率和约率,密率为355/113,约率22/7。这两个数值,直到一千多年后,才由德国的数学家鄂图再次计算出来。那这两个数字又分别代表着什么意思呢?我们可以这样理解,分别代表着小数点后面的数位和精度。密率:$\pi = 355/113$,可以精确到小数点后的第六位数字;约率:$\pi = 22/7$,可以精确到小数点后第二位数字。祖冲之所提出的"密率",直到一千年以后,才被德国数学家获得同样的结果。为了纪念祖冲之和他的圆周率,已有国外数学史家提出建议,将 π 叫做"祖率"。

最后就是圆周率的现实意义。祖冲之之所以下定决心精算圆周率,正是因为它有着积极的现实意义,因为圆形随处可见、用途广泛。祖冲之仔细地研究过度量衡。秦始皇统一天下后，就统一制定了度量衡。度：计量长短的器具；量：测定计算容积的器皿；衡：测量物体轻重的工具。这三种测量工具与数学、天文、建筑、律学、物理、冶炼等科技的发展息息相关。本书只作和圆周率有关的"量"的叙述。

量器是我国古代计量的主要器具，如果"量"表达的数字不精准，那被计量的物体也就不准确了。祖冲之计算出了圆周率后，就利用圆周率对古代的量器容积计算进行了修正。

话说有一种量器叫做"釜"，据史书记载是一尺深的圆桶。那么，这个桶的容积是多少呢？我们知道圆桶的体积是底面积×高。按照以前的圆周率计算出的底面积是不准确的，那么，计算出来的容积也是不精确的。等到祖冲之计算出了数值较精确的圆周率后，他就利用最精确的圆周率真值，求出了最精确的底面积。这样，容积就更准确了。

此外，祖冲之又重新计算了汉朝刘歆制造的"律嘉量"。这也是一种量器，和与上面提到的"釜"都是圆柱形的量器。祖冲之利用"祖率"校正了量器，给人民的日常生活提供了便利。

通过对祖冲之圆周率的叙述，我们至少可以明确三点：一是创新意识，二是便民意识，三是百折不挠。如果我们拥有了以上三个品质，做任何事都将是成功的。

现在，人们利用超级计算机计算圆周率，其计算精度已

经达到了 2061 亿位精度。不过,以现代科学的眼光来看,这就是过犹不及了,因为现代科学研究使用圆周率的值进行计算,精确到小数点后十几位就够了。

关于圆周率,还有一个有趣的小故事。传说,从前有座山,山上有座庙。庙里有一个老和尚和一群小和尚。一天,老和尚对小和尚们说:师父最爱背圆周率,一背就到后 16 位。你们爱师父,所以也要背,背不出圆周率,不准吃也不准睡!说完,老和尚就到另一座山上的寺庙喝酒去了。小和尚们猴精,看着师父留下的 3.1415926535897626 数字,看着师父施施然远去的背影,龇着牙想了一会儿,就出去玩了。老和尚回来后,虎着脸就要一个个检查。只听小和尚们摇头晃脑大声念起来:山颠一寺一壶酒……尔乐苦煞吾……把酒吃……乐啊乐……

这关当然都过啦!

"祖暅原理"

在西方,希腊著名的数学家阿基米德也得出了相同的理论。但是"祖暅原理"更为可贵的是,首先这是一个数学家的独立研究,其次是比阿基米德涉及的问题更广。祖暅原理主要应用于计算形状复杂的几何体。

祖暅是祖冲之的儿子，他的光芒虽然没有其父那么耀眼，但也是我国古代数学史上不得不提及的科学家之一。据说祖暅少时颇有祖冲之的风范，钻研问题深入细致，心思非常灵巧，木工技艺几乎达到了神妙的境地，就连传说中的鲁班（春秋战国时期）和倕（传说中舜帝时的巧匠）也难以超越他。他思考问题的时候，窗外雷声阵阵而浑然不觉。有一个很经典的段子。祖暅少时，有一天，他一边思考问题一边走在走路上，竟然一头撞在了仆射徐勉的身上，撞到了人也没有反应。好在徐勉认出他是祖冲之儿子，大声叫他他才回过神来。这一点，他和他父亲祖冲之可真像。

祖暅原理的内容是：夹在两个平行平面间的两个几何体，被平行于这两个平行平面的平面所截，如果截得两个截面的面积总相等，那么这两个几何体的体积相等。

祖暅原理也叫"等积原理"。在现代数学教科书上的定义是：夹在两个平行平面间的两个几何体，被平行于这两个平行平面的任何平面所截，如果截得两个截面的面积总相等，那么这两个几何体的体积相等。

学过初中数学的朋友们都不难理解"点动成线，线动成面，面动成体"这句话的意思。因为直线由点构成，直线的长短由点数决定；面则由线构成，由于线是由点构成，故面积的大小决定于点的多少；几何体由面构成，面分解成线，线最终分解成点，故体积的大小也决定于点的多少，如果两个几何体的体积相等，也就是说这两个几何体的点数相等。

博学多才 祖冲之

我们用这种思想来理解祖暅原理：两个几何体被夹在两块平行的平面中间，则两个几何体平行面之间的高度相等，两平行面之间的距离相等。距离相等则表明两平行平面之间的无数条垂直线段是相等的，我们取其中一线段，然后将这个线段分解成点，每过一个点则能画出一个平行于两平行面的截平面。如果两个几何体被每一个点截出来的平行截面所截出的截面面积两两相等，则两个几何体在同一高度时，所截出的两个截面上点数相同，则这两个几何体的点数也相同，则说明两个几何体的体积相同。

我们回到祖暅当时的研究上来。

我们知道圆柱体积=底面积×高。可是求球体体积呢，这就要复杂得多。根据《九章算术》的球体体积计算公式，得出球体体积是等高圆柱体积的四分之三。刘徽给《九章算术》作注的时候，就发现了这个结论经不起推敲。他是怎么验证的呢？他的办法是作每边为一寸的正方体八枚，然后拼合成边长为两寸的正方体，先在合成的正方体内先后画出一个纵向、一个横向的内切圆柱体。纵横圆柱所包含的共同部分就像两把完全对称的伞，他称之为"牟合方盖"。

圆柱体比"牟合方盖"大，显然球体体积是等高圆柱体积的四分之三的结论是错误的。刘徽认为只要能求出牟合方盖的体积，就可以求出球的体积，可是他没有找到求出"牟合方盖"体积的途径。

祖暅根据刘徽的实验也亲自进行了验证，认同了刘徽的思路。他经过刻苦钻研，终于推算出正确的圆球体积的公式：圆球体积 = π/c D（D 代表球体直径）。这也是现代教科书上一直应用的公式。

在西方，希腊著名的数学家阿基米德也得出了相同的理论，但是"祖暅原理"更为可贵的是，首先这是一个数学家的独立研究，其次是比阿基米德涉及的问题更广。祖暅原理主要应用于计算形状复杂的几何体。

后来意大利数学家卡瓦列里（Cavalieri.B，1589—1647年）于1635年出版了《连续不可分几何》，提出了等积原理，西方人称之为"卡瓦列里原理"。等到这个原理面世，已经比祖暅原理晚了一千一百多年。

第四章

计量学领域的成就

☁ 复原指南车

为什么祖冲之会胜利呢?原来呀,他对指南车的齿轮组做了一个划时代的机械方面的创举,他的"差动齿轮机"不仅在当时是极高水平的应用,而且对后世的工业也影响深远。我们日常所见的汽车上就有最典型的"差动齿轮机构"——"后轿"。只有运用了差动齿轮机,汽车转弯时才能行使自如。

祖冲之在空间方位测量方面的成就,就是成功地复原了指南车,为中国计量史流传一个美好的故事。

我国古代的劳动人民,想象瑰丽奇伟。关于指南车,就有诸多神奇的传说。有关于黄帝造指南车的传说。据说指南车是黄帝发明的。在黄帝与蚩尤大战时，蚩尤大施妖法，使得天降浓雾，让黄帝的军队一时难以辨清方向，吃了大亏。后来黄帝便想出奇招，制造了一辆指南车放在自己的车架上，指南车上的人手总是指着南方。黄帝的部落依靠指南车辨清了方向，大败蚩尤。

还有周公发明指南车的传说。周公是我国古代的贤人，他协助周武王推翻了商纣王的暴政，辅助周武王建立了周朝。武王驾崩后，周公又代理周成王治理天下，据说是太平盛世，万邦来贺，就连偏远的南方越棠氏也前去朝贺。周公为了答谢诸侯的盛意，便制造了指南车送给诸侯。

黄帝或者周公，他们是否真正的发明了指南车，我们不得而知，因为年代久远，没有可以考据的文字流传下来。真正出现文字记载的，最早是东汉的大科学家张衡制造的指南车，但是没有详细记载。后来又考证到三国时北魏的机械制造家马钧也制造出指南车。马钧的故事有详细、具体的过程可以考证，由《三国志·魏书·方技传》记载。这应当是中国古代最可信的最早的关于指南车制造的记载。

张衡和马钧制造的指南车已经无踪可循，但是人们对指南车的热情却不曾减少。据《晋书·舆服志》记载："司南车，一名指南车，驾四马，其下制如楼，三级；四角金龙衔羽葆；刻木为仙人，衣羽衣，立车上，车虽回运而手常南指。大驾出行，为先启之乘。"刘宋王朝的奠基人，后来的宋武帝的刘裕，在当年为东晋大将，平定关中的后秦政权

博学多才 祖冲之

时,从后秦统治者姚兴的宫中缴获了一辆旧指南车。不过这辆指南车已经徒有其名,里面的机械装置早已散失,当车子作为指南工具随着仪仗出行的时候,就要事先安排一个人藏在车内,人在车里面转动车上木人的手臂。

光阴转眼转到了刘宋皇朝末年,祖冲之已经回到了京城担任谒者仆射一职。刘宋王朝末年的京城,各派势力纷纷扰扰,齐王萧道成是个很有野心的家伙,他很快在宫廷的内讧中依靠禁军掌握了实际政权,先是受封为齐公,进而为齐王。他的最终目的是想当上皇帝。

因为古代的皇帝出巡,都会有一辆指南车在前面开路,萧道成很想找到那种驾临天下的感觉,便总是出行必由一辆指南车带路。可是他的那辆指南车就是被灭了的后秦皇帝姚兴的那辆车,里面要藏人改变木人方位的那种。虽然看上去排场,但是要人去拨动的指南车,威风上就感觉打了折扣。他曾经寻找天下的能工巧匠去修补,都无功而返。

有一天,有人向萧道成推荐了祖冲之。祖冲之考虑了一下,便接下了任务。原来,祖冲之对于传说中黄帝发明的指南车早有耳闻,也知道后来张衡、马钧都还原过指南车,可惜制造方法已经失传。齐王手里的指南车,里面最关键的机械零件都已散失,用处已经不大。

祖冲之回家之后,便开始琢磨。前面说过,祖暅也是一个灵巧的孩子,父子俩开始了指南车的研究和制造。祖冲之想:要使小木人的手一直指着南方,那里面传动的齿轮非得精密,齿轮方位非得正确。只要车子转弯时候的角度能和齿轮转动的度数合拍，小木人的手就能不改方向。

明白了这个道理，祖冲之就开始准备起来。我们知道，中国历史上南朝和北朝是并立的。这个时候，北朝过来了一个名叫索驭骥的能工巧匠，他是听说了祖冲之要造指南车的消息，特意赶过来比试的。

祖冲之经过了多次试验，最终确定了用五个齿轮来配合的传动装置。这个道理说起来简单，但是要把五个传动齿轮严密地配合起来，选装置的角度就大有学问，并且齿轮之间的间隔、齿距的疏密和齿轮的大小都要经过精确计算。我们知道齿轮最基本的形状就是圆形，这下圆周率又派上了用场。他经过周密计算，反复实验，终于做出了一辆完美的指南车。为了减小损耗，祖冲之又请铜匠根据木齿轮铸造了一套铜齿轮。

要说这索驭骥也是好样的，他也很快制造出了一辆指南车。比赛的日子到了，御花园乐游苑里挤满了文武百官，大家都想看看这个自称北朝第一巧匠的索驭骥到底能不能挑战南朝的大科学家祖冲之。大家议论纷纷，只见王僧虔和刘休两位官员分别将指南车上的红布一揭，大家就安静下来。谁也不知道哪辆车是祖冲之造的，哪辆车是索驭骥造的，不少人甚至打起赌来。

不过，南朝的贵族官员们还是偏向本朝的祖冲之。只见被揭开红布的两辆车并排立在地上，两匹马也分别被套上了车。两辆车的外观差别不大，造型都很优美，小木人直指前方。只听"驾"的一声吆喝，两辆车同时跑了起

博学多才 祖冲之

来。只见两辆车左转右转,一样的流畅,木人的手臂也是稳稳地指向南方。这下子,可是棋逢对手了,众人越发有了兴致。马越跑越快,接连几个急转弯,其中一个稳稳的,另一个木人明显的手抖了几下,出现了偏差,而且偏差越来越大了。

那个败下阵来的到底是谁的车呢?人们看到索驭骦气急败坏的样子,发出一阵欢呼声——本朝的祖冲之胜了!索驭骦一怒之下想要当场毁掉自己的车,祖冲之走了过去,诚恳地劝告:"你的指南车也算是很精巧了。多计算几次,反复试验几次,会越来越精巧的。"可惜的是,索驭骦缺了一点经得起挫折的气度和一丝不苟的精神,他最后还是毁了自己制造的指南车。祖冲之制造的指南车我们现在已经看不到实物,但是他将制造过程写了下来。为什么祖冲之会胜利呢?原来呀,他对指南车的齿轮组做了一个划时代的机械方面的创举,他的"差动齿轮机"不仅在当时是极高水平的应用,而且对后世的工业也影响深远。现在我们日常所见的汽车上就有最典型的"差动齿轮机构"——"后轿"。只有运用了差动齿轮机,汽车转弯时才能行驰自如。

保存荀勖律尺

测量和处理数据的要点就是"数各有分,分之为体,非细不密","深惜毫厘,以全求妙之准;不

辞积累，以成永定之制"。简单地解释一下，其意思是，测量中的数据务必要准确，而要达到准确的要求，首先测量仪器必须精密，即便是毫厘那样微小的单位也不可马虎，因为数据的精确是结果准确的前提。

第四章 计量学领域的成就

祖冲之在古代计量测试技术的进步上，以及对计量科学的发展上都作出了不可磨灭的贡献。人们最先想到他是一位天文学家、数学家，岂不知他也是一位计量学家。其实，祖冲之的成就与计量学关系密切。比如前文所述圆周率，就与计量学有关。

祖冲之终其一生，都在进行科学实践。他为了探索自然规律，自然对计量仪器相当重视。据史书记载，在他给宋孝武帝上表，请求颁行《大明历》的《驳议》中，就提到"亲量圭尺，躬察仪漏，目尽毫厘，心穷筹策"。祖冲之在观测中，事必躬亲，从不假手他人。他坚持自己动手测量日影，观测刻度，精确到毫厘。对于所测的数据更是用心计算，他在观测日志里写道：测量和处理数据的要点就是"数各有分，分之为体，非细不密"，"深惜毫厘，以全求妙之准；不辞积累，以成永定之制"。简单地解释一下，他的意思是说，测量中的数据务必要准确，而要达到准确的要求，首先测量仪器必须精密，即便是毫厘那样微小的单位，也不可马虎，因为数据的精确是结果准确的前提。做大量的工作，孜孜以求的是建立一种的制度。正因

博学多才 祖冲之

为他对测量精度的重视，才使得他在天文和数学领域作出了让同时代人难以望其项背的巨大成就。

我们的民族有一个很好的传统，讲究传承和发扬。比如天文学测量，为了保持数据的一致性，那么最好是测量的仪器尺度值也是一致的。当年秦始皇统一度量衡的伟大作用也正是如此。可惜的是在后来的岁月中，由于一些原因，度量衡渐渐地有些偏离当初制定的标准尺度。于是秦朝之后的天文学家和音律学家都力求自制跟秦制古尺尺度值一致的律尺。据《晋书·律历志》记载：晋代有一个杰出的律历学家荀勖，他所制作的符合古制的尺子，被称之为荀勖律尺，世人公认该律尺为古尺度标准。但是后来荀勖律尺却在一百多年间销声匿迹，直到刘宋时期被祖冲之辗转求得。天文学家祖冲之如获至宝，经过他的介绍和宣扬，以及应用到观测中，人们才重新见到这把古尺。由于是祖冲之又宣扬开来的，故人们又把它叫做"祖冲之所传铜尺"，以纪念祖冲之的收藏之功。

关于祖冲之是如何搜罗到古尺，以及如何保存并流传下来的，我们未看到文字记载，只能想象，消失了一百年的物件重见天日，肯定经历了一番很大的波折。首先，荀勖是个音律学家，他制作律尺原本是用来考订音律的，一般人很难见到。更何况在西晋末年，兵戈四起，京都洛阳被刘曜攻破，晋朝皇室仓皇南逃，各种礼器下落不明。据《隋书·律历志上》记载："及帝南迁，皇度草昧，礼容乐器，扫地皆尽。"荀勖律尺作为一个在一般人眼里并不贵重的礼器，当然难逃厄运。所以说，祖冲之最后能搜寻到荀勖律尺，是一件幸事。从这件事上，我们不难看出以祖冲之为首的天文学家们对标准尺度的重视，这也是我国数千年的天文观测能保持一致的最好诠释。

关于祖冲之是如何保存并将荀勖律尺传递下去的，我们也无法考证，我们能确定的是祖冲之传递了这一把古尺。据考证，该尺是荀勖律尺毫无疑问，但是是否经祖冲之之手而流传，我们则是依据李淳风对《钟律纬》的理解：梁朝上承南齐，而祖冲之晚年是南齐臣工，他去世两年之后梁武帝即位，故梁武帝写《钟律纬》是可靠的，故荀勖律尺确实由祖冲之所传。据唐代天文学家李淳风所著的《隋书·律历志上》，我们可以看到关于"祖冲之所传铜尺"的记载。《隋书·律历志上》关于该古尺的原文是根据梁武《钟律纬》记载："祖冲之所传铜尺，其铭曰：'晋泰始十年，中书考古器，揆校今尺，长四分半。所校古法有七品：一曰古洗玉律，二曰小吕玉律，三曰西京铜望臬，四曰金错望臬，五曰铜斛，六曰古钱，七曰建武铜尺。古洗微强，西京望臬微弱，其余与此尺同。'"铭文共八十二字。李淳风在研读了"祖冲之所传铜尺"上的铭文后，就断定了这把古尺就是荀勖律尺。李淳风和祖冲之一样也是如获至宝，并以此尺为标准，对前代的尺度基本上作了一番校核。

博学多才 祖冲之

校正庑旁误差

其实,引起这个误差的原因还是由于当时的圆周率真值不够精确。当时刘歆计算出的圆周率为3.1547,而祖冲之用古代最精密的圆周率3.1415926来校验。校验嘉量,自然会有误差。

我们不免要感叹,祖冲之可真是一个多面手啊!其实,没有任何一门学科是能够独立存在的,祖冲之的数学成就,也是为了适应天文历法、度量衡、水利工程和土木建筑等的需要。

祖冲之又用自己计算出的圆周率对"新莽嘉量"进行了核准和校对,使得这种量器的精度大大提高,而精确测量和度、量、衡标准尺度则促进了我国计量科学的向前发展。

新莽铜嘉量也是一种标准量器,铸成于公元9年王莽新朝。王莽于公元9年建国,令国师刘歆领导众人设计制造了这一款标准量器。幸运的是这一款量器流传了下来,目前被台北故宫博物院收藏。

新莽铜嘉量包含了斛、斗、升、合、龠共五个容量单位,上为斛,下为斗,左耳为升,右耳为合、龠。量器以斛为主体,外壁正面刻着八十一字的总铭文:"黄帝初祖,德帀于虞。虞帝始祖,德帀于新。岁在大梁,龙集戊辰。戊辰直定，天命有民。据土德受，正号既真。改正建丑，长寿隆崇。同律度量衡，稽当前人。龙在己巳，岁次实沉。初班天下，万国永遵。子子孙孙，享传亿年。"通过这一段铭文，我们不难看出国家对量器的重视。

外壁背面则分别刻着斛、斗、升、合、龠量的直径、深度和容积，我们便可以对容量单位的量值一目了然。根据这些数据，我们可以计算出精确的容积，从而进行当时的标准尺度的推算。每一种量分别又另有详细的分铭记录各器的径、深、底面积和容积。如斛的分铭文："律嘉量斛，方尺而圜其外，庣旁九厘五毫，冥百六十二寸，深尺，积千六百二十寸，容十斗。"

铭文可以让人精确地计算出各量的容积，历代科学家都对其进行过计算。而祖冲之是第一个指出新莽铜嘉量的细微不足的人，他称此种误差为庣旁误差。李淳风所著《隋书·历律志》记载了祖冲之核校新莽嘉量，并指出刘歆庣旁误差的过程。斛铭曰："律嘉量斛方尺而圆其外，庣旁九厘五毫，幂百六十二寸，深尺，积千六百二十寸，容十斗。"祖冲之利用圆周率对嘉量斛的容积进行了计算，得出结论："此斛当径一尺四寸三分六厘一毫九秒二忽，庣旁一分九毫有奇。刘歆庣旁少一厘四毫有奇，歆数术不精之所致也。"这句话的意思是说，刘歆的计算结果是有误差的。

其实，引起这个误差的原因还是由于当时的圆周率真值不够精确。当时刘歆计算出的圆周率为3.1547，而祖冲之用古代最精密的圆周率3.1415926来校验，自然会有误差。当

博学多才 祖冲之

然，反过来说，后人胜过前人，刘歆出现这样的误差也是受时代局限的。新莽铜嘉量依然是不可复制的量器，它有着精巧的设计方案、精良的制造技术。现代科学家根据计算，得出1升约合200毫升、1尺约合23.1厘米、1斤约合226.7克的数据，成为两汉度量衡研究的重要标准。

精确测量时间

以往测定回归年长度，通常只在预测的冬至前后几天测量圭尺，然后把影子的那天定位冬至。这种方法通行了很长的时间，按照今天的话来说，是一种简单化处理，省事省力。但是这样的结果毕竟不够精确。

祖冲之对历法《元嘉历》所进行的大胆改革，也推进了关于对时间测量的改革。

我们知道，由于要编制新历法，他改进了以往测定回归年的方法，使得回归年长度的测定比以往更为准确。以往测定回归年长度，通常只在预测的冬至前后几天，测量圭尺，然后把影子的那天定位冬至。这种方法使用了很长的时间，按照今天的话来讲，是一种简单化处理，省事省力。但是这样的结果毕竟不够精确。

为什么呢？因为我们知道两个冬至点之间的时间长度，

就是一个回归年。冬至点没有找准的话，就会影响一年的时间长度。更何况冬至前后的气候变化还会影响冬至点的确定，因为也许冬至那几天是雨雪天气呢，或者浓雾呢，这样圭表又不能测日影，预测的冬至点就难免有误差。

祖冲之用一个月的时间以应对这种小范围天气变化的影响。这是一个看似简单的变革，却大大地提高了冬至点预测的准确度。他的一个小变革，却是回归年测定的一个大突破，有极高的理论意义和实践价值。他的方法，测到了非常准确的回归年数值——365.24281481 日，以及一个交点月的日数 27.21223 日。在我国古代所有的历法中，祖冲之的这个数据是最精确的。

关于计算太阳系五大行星的会合周期，祖冲之也拿出了相当精确的数据：水星会合周期为 115.88 日，与现在观测的数据完全一致；金星会合周期为 588.93 日，与现在观测相数据相差 0.01 日。

祖冲之对于时间测量的贡献是巨大的，尤其是对闰法的改革。我国一直以来就同时使用阴历和阳历，需要阴历安排闰月以便和阳历日期合拍。传统上采用的 19 年 7 闰，会导致大约 200 多年就要多出一天。祖冲之通过吸收少数民族历法家的先进经验，对闰法进行了改革，规定每 391 年置 144 个闰月。这项改革使跟现代科技所测量到得值相比较，只差万分之六日，即每一年相差 52 秒。这是一个让人惊讶的数字。

博学多才 祖冲之

第五章

机械制造领域的成就

方便的水碓磨

祖冲之不禁问道:"老乡,你们上交官署的米,都是这样一杵一杵给舂出来的吗?"一个年纪大的老农答道:"是的,老爷。"祖冲之继续问道:"那么,你们一年收割下来的稻子要舂多久才能舂完呢?"那个老农答道:"老爷,舂米可慢了,你看到了,得拖老长时间哩!"

就在祖冲之全心全意专攻圆周率的时候,宫廷又发生了一系列政变。前废帝刘子业害怕戴法兴觊觎皇位,眼看着他权势熏天,自己根本就驾驭不了他,便想办法杀掉了戴法兴。戴法兴终于得到了惩罚。但是好景不长，刘子业转眼又被他的亲叔叔刘彧杀掉了。刘彧号称宋明帝。南北朝就是这样充满了血雨腥风。

不过，好在那些皇帝，不管谁坐上皇位，都会做出一番励精图治治理天下的姿态。早被戴法兴革掉了官职的祖冲之，又被宋明帝征召了。他知道祖冲之博学多才，现在又算出了圆周率的小数点后八位数，便做出尊重人才的样子，召祖冲之出来做官。

祖冲之也是满心欢喜，一心以为《大明历》马上就会见天日，他会做天文历法方面的官员。却没有想到，宋明帝一下就把祖冲之从京城派到了偏远的娄县当县令。

娄县地处今天的江苏昆山县东北一带，距离京都建康城有几百里之遥。祖冲之心态也还不错，既来之则安之，于是便坐着马车，一路颠簸辛苦。从建康到娄县，走了十来天，总算到了任上。祖冲之在南徐州的时候，曾经也在县里待过，他深知年年征战，民生劳苦，人民的负担沉重，他决意要尽自己所能减轻民众的负担。他在娄县的几年，兴修水利，奖励农耕，为百姓请减赋税，着实为百姓做了些好事，当地的农业生产也迅速地得到恢复。

秋天正是丰收的季节。有一天，祖冲之微服到城郊巡访。他听到一户人家里传来了"砰！砰！砰！"的沉重撞击声，循声走进去，只见一家子的青壮年，正在轮流用脚踏动石碓舂米。男人们用脚踏一下木杆，木杆上前端连着的石杵（圆锥形石头）就舂一下石臼里的米。祖冲之看了一会儿，就替

博学多才 祖冲之

那舂米的人累得慌——只见一个壮实的男人,一会儿就汗流浃背了,可是米才舂好一点点。

祖冲之不禁问道:"老乡,你们上交官署的米,都是这样一杵一杵给舂出来的吗?"一个年纪大的老农答道:"是的,老爷。"祖冲之继续问道:"那么,你们一年收割下来的稻子要舂多久才能舂完呢?"那个老农答道:"老爷,舂米可慢了。你看到了,得拖老长时间哩!"

祖冲之心里寻思:这方法可太慢了,舂米的时间都快赶上种稻的时间了,还累人。他看着那个简单的机械传动装置,突然心有所动:我为什么不制造一套省力的机械装置来舂米呢?这样也能减轻农民负担。

离开了那户农家,祖冲之就上了心。他沿河一边走一边思考。村里小河的流水欢乐地向东流去,一路上势不可当。祖冲之眼前一亮,这水的势能可是威力大得很,何不就地取材,就从河水入手。祖冲之是个实干家,他看到稻田里的老农,表明了自己的身份,说出了制造水碓的想法。老农们又是惊讶又是高兴,他们惊讶县太爷竟然会想到帮他们设计水碓,哪朝哪代听说过这样的好事啊?高兴的是真有了水碓,那舂米可是省事省力啊!于是老农都表示可以帮忙。

一个老者马上就召集来一帮木匠、石匠,大家一起激动地听祖冲之的构思。过了几天,水碓就制作出来了。祖冲之又要村里人选了一个水流很急的地方安置水碓。安放水碓的这一天,沿河的居民扶老携幼都来观看,那情形比看大戏还叫人激动。

水碓装好了，只见奔流而下的河水，哗啦啦地冲刷着水轮，水轮开始慢慢地转动起来，接着轮轴也开始转动，再接着轮轴上的拨板开始转动，拨板开始有节奏地推动碓杆的一头，碓杆的另一头于是一上一下地开始像小鸡一样地嗑石臼里的米。一阵阵惊叹声和欢呼声响了起来。那几个出力的石匠木匠们仰着黑黑的脸庞，自豪地对着水碓磨指点：看吧！可快了！看吧！白天黑夜不歇气！

一个老人挤到祖冲之身边来，充满期望的建议道："祖县令，这水碓要是能磨面，就更好了。"一句话提醒了祖冲之，他用心地琢磨了一下，对老人说道："老人家，水碓能做出来，那水磨也就能做出来。"

原来，水碓和水磨，机械动力同样都是利用水能，同样是包含着水力、凸轮和杠杆原理。祖冲之仔细思考了一会儿，决定将水碓和水磨合二为一，这样，也就不用另外制作水轮了。关键的问题，就是再装上一个带动磨盘的连杆。但是水碓的连杆是上下运动的，磨盘得平面转动，该怎么安装呢？

祖冲之又思考了一会儿，想出了一个不用连杆而用两个垂直齿轮的解决办法，这样就改变了受力方向。

合二为一的水碓磨很快就造好了。由于水碓磨需要的水能更大，于是，在乡亲们的帮助下，小河里又筑起了一道坝，增加了水的势能。

水碓磨很快就放在了小河边，这次十里八乡的人都来了，他们要看看祖冲之这个号称南朝第一巧匠的能人，到底为老百姓制造出了什么好机械。轰隆的流水带动了水碓磨，也带

博学多才 祖冲之

走了祖冲之心中的郁闷之气。唯有人民,能真心真意地感谢自己的付出。想到这里,他忘掉了《大明历》的遭遇,忘掉了自己不得志。他又为各地制造了一些水碓磨,让黎民百姓感受到了恩泽,他也实现了造福于民的愿望。

欹器的发明

竟陵王萧子良恍然大悟,联想到自己的骄傲自满,不由说道:"我明白了,这个欹器形状独特,'虚则欹(欹同倚,斜依、斜靠的意思),中则正,慢则覆'。这古人将它作为警器置于书桌之上,就是要告诉我们,做学问和欹器注水是一个道理。腹中空就好比没有注水的欹器,都是倾斜的;如果你读了很多书开始自满起来,就像这水注到顶一样,都是会倾覆的。这说的就是一个态度,腹中空得学习,腹中满也不能自满。"

诸多的发明和创造,已让祖冲之名满天下,再加上"世族门阀"的出身,让祖冲之一时成为了很多人竞相邀请,以此来往脸上贴金的人物,无论是贵族世家还是寒族士子都以和祖冲之交往为荣,就连皇族也不例外。但是祖冲之为了不受外界干扰,专心治学,极少参加这一类的私人宴请。

一天，齐武帝的第二子竟陵王萧子良将请柬送到了祖冲之府上，原来十天之后是他的寿诞。与请柬同来的还有一封信，信中言辞恳切，说是请祖冲之务必赴宴，不必拘于俗礼，并要向他请教天文知识。

祖冲之看了之后哭笑不得。竟陵王他早就认识，是个非常聪明豪爽的皇子，深得齐武帝的喜爱，只是从小受到的赞誉太多，不免有些骄傲自大。他这次邀请祖冲之，主要是想在众宾客面前显摆一下学问以及和祖冲之的关系密切。

皇子有请，祖冲之很为难，他有心想推却，却又想到：还是去吧，我不是要攀附帝王之家，只是我知道君主贤明，百姓才能有福的道理。竟陵王是个仁厚聪明的皇子，但是也听到臣子们对他的讥笑，说他高傲自大，自我吹捧，说话漏洞甚多，惹人笑话。他并不是那种盛气凌人的王爷，何不乘此机会给他一个忠告呢？

于是祖冲之决定采取迂回的方法，来点拨一下竟陵王。

王府威严的大门，石狮子披红挂彩，高高的大门敞开，锦衣华服的宾客鱼贯而入，由管家迎进门，独有祖冲之进门时竟陵王在二门里亲自迎接。

宴会上宾客谈天说地，竟陵王好几次引用典故有错误，但是一众人却一味地颂扬。祖冲之不禁暗自皱眉。筵席中，宾客们又不断地有人献宝，祖冲之也拿出一件奇怪的物件，高声对众宾客道："我也有一宝，要献给竟陵王。"说罢，拿出一个木头制的似壶非壶的玩意儿来。

博学多才 祖冲之

众人细细一看,只见这个玩意儿上大下小,形状像无孔的漏斗,斜斜地挂在一根横梁上。众人完全看不出这是什么宝贝,都不解地望着它。祖冲之微微一笑,将壶中的酒往"漏斗"里倒。怪事来了,只见斜斜的"漏斗"居然慢慢地立了起来!等到"漏斗"慢慢地注满了酒,它却一下子倾覆,把酒倒净,然后又恢复到先前倾斜的样子了。众人一片哗然。

主座上的竟陵王思索良久,突然,一拍巴掌,朗声说道:"这叫欹器,是孔子发明的。他曾经……"却见祖冲之朝他微微摇头示意,便停下听祖冲之说。

只见祖冲之对着满座的宾客询问:"在座还有谁知道这个欹器的?"座中一人应声道:"莫非这就是古人放在书桌上用以警示自己的不可骄傲自满的欹器?是自满则倾覆的欹器?记得具体的制法早已在汉朝失传,西晋的制造名家杜预也未曾制作出来。今天我们可是大开眼界了!"

祖冲之微微一笑,娓娓道来:"孔子的确也制造过一只欹器。据《孔子家语》记载:一次孔子携弟子参观鲁桓公庙,就看到了这样的欹器,于是便让弟子注水观察,果然是'中则正,满则覆',便对弟子们说,古人们可谓是时刻自警啊!天下哪有自满而不倾覆的呢!"

竟陵王听了这一番话,心有所动,不由得有些面红耳赤。

宴席散后,竟陵王留下祖冲之讲解欹器原理——他原本就聪明好学。

原来,欹器的倾覆现象是利用了平衡原理,欹器不是一个均匀的容器，内壁厚薄不一致，所以会导致倾斜，找准重心就能达到一个相对平衡的状态。在欹器空着的时候，特殊的构造，使其重心偏高，从而使其处于不稳定平衡状态，故而发生倾斜；随着水的慢慢注入，水的重量又让重心慢慢偏移，于是就发生了慢慢立起来的过程；等到水不多不少的时候，重心便到了稳定平衡的状态，欹器便立了起来；继续注水，又打破了平衡状态，重心重新开始升高，到达满水的时候重心最高，倾斜角度最大，水便倒了出来。水从空到满的过程，也就是一个重心不断偏移的过程。

竟陵王恍然大悟，联想到自满则覆的道理，说道："我明白了，这个欹器形状独特，'虚则欹（欹同倚，斜依、斜靠的意思）'，中则正，慢则覆'。这古人将它作为警器置于书桌之上，就是要告诉我们，做学问和欹器注水是一个道理。腹中空就好比没有注水的欹器，都是倾斜的；如果你读了很多书开始自满起来，就像这水注到顶一样，都是会倾覆的。这说的就是一个态度，腹中空得学习，腹中满也不能自满。"

祖冲之点头微笑，巧妙的暗示既让竟陵王意识到了自满的错误，又顾及了他的皇家尊严。有一句话叫"忠言逆耳"，其实，忠言也可以"顺耳"。

今天，这种倾覆式容器的原理，已经广泛运用到日常生活中，如矿山的矿车、气象观测用到的观测雨量计里的计量容器、冲洗厕所的定时冲洗翻斗等。

博学多才 祖冲之

千里船

传说世上有一艘可以随着心意瞬息飞行千里的宝船，世人得到便可以遨游苍穹……

只见那人拿着双桨往地上一划，就听见轰隆的城墙倒塌声，金光闪闪的千里船露了出来。风水先生又喊了一声："起！"那船便载着风水先生瞬息之间飞遁而去。

我们这个故事要从一个传说讲起。

据说正定城建城的时候，在南、北、东门分别埋了一样宝贝镇邪气，有一首歌谣唱道："南门有个望京树；北门有个千里船；东门有个小鸡叫；唯独西门什么也没有，只有一个万人坑。"我们要讲的就是这艘千里船的传说。

据说很多年以后，一个从南方来的风水先生循着宝气一直找到了正定城。半夜的时候。他看到北门金光灿烂，原来是一艘可以随着心意瞬息飞行千里的宝船。他一心想要弄出这个宝贝，但是又有军队把守着城门。也该他走运，第二天他去"老万宝"买东西，一眼就看到了墙角的千里船船桨，心中狂喜，掏钱买了船桨就走。只见那人拿着双桨往地上一划，就听见轰隆的城墙倒塌声，金光闪闪的千里船露了出来。风水先生又喊了一声："起！"那船便载着风水先生瞬息之间飞遁而去。

这个故事当然只是传说,但是人们造千里船的梦想却从未停止。

我国早在新石器时代,就出现了"刳木为舟,剡木为楫,舟楫之利,以济不通,致远以利天下"车船描述。车船在古代被称为轮船,是一种以轮状桨为推进工具的机械船。

据《南齐书·祖冲之传》记载,祖冲之曾经制造过一种"千里船",据称可以日行百里。书中原文如下:"以诸葛亮有木牛流马,乃造一器,不因风水,施机自运,不劳人力。又造千里船,于新亭江试之,日行百余里。"这句话的意思,让历史学家们大伤脑筋,不劳人力,是怎么回事呢?

"千里船"应该是一种高效的水上交通工具。近代史学家分析:祖冲之在新亭江的"千里船"处女航,也许本意只是在验证一种能够高效推进船体运行的方式,而并非高速和高效。这种"高速船"极有可能运用了某种新式的动力源,或者某种新的动力方式。因为在当时,船只一般是依靠风力的帆船,或者是以桨、橹或者水车明轮作为推进工具。

我国古代的劳动人民早就知道了利用风力行船,追溯历史差不多已经有了三千多年。帆船较之人力撑船已经有了很大的进步,一直到现在,人们依然用着帆船。对于帆船的利弊,主要是风向和风速的问题。最可怕的是一旦遇上大风,风帆容易受损,往往会十分危险,严重的会导致船毁人亡。

博学多才 祖冲之

话说祖冲之制造千里船的时间正是升明三年,即公元479年。那时候齐王萧道成已经代宋自立,如愿做了皇帝,史称齐高帝,国号为齐。齐高帝和其子齐武帝的统治期间,一度社会安宁,各种发明创造也涌现了出来。祖冲之造千里船的出发点很简单,他作为一个机械制造专家,希望能造出一艘不依靠风力,又能快速行驶的船。

前文曾说过,祖冲之曾制造了水碓磨这种依靠水能进行机械传动的装置,他也从中受到了启发。他参照"龙骨水车"的原理,造出了第一艘"桨轮船"。龙骨水车是一种人力带动轴承传输力量,将水带到田间灌溉的农业机械。看过反映20世纪六七十年代的农村题材影视作品的,都能看到那种机械。在80年代的南方农村,还能看到那种装置呢!为什么叫桨轮船呢?因为那仿造龙骨水车的划水、推进装置,正像一叶叶的串连在一起的船桨向前划水前行。祖冲之制造的桨轮船,到今天很好理解。我们去过公园玩,应当都看到过那种脚踏游船,两个人像踩自行车一样用力,然后通过简单的轮轴,将力传送给船后的轮叶,于是游船便向前行进。脚踏游船是一种简单的桨轮船,而祖冲之的桨轮船传输原理是一样的,只不过传动装置、轮桨的角度精密,且设计趋向轻便、高速罢了。

祖冲之在长江流经新亭的那段水域试船的那天,岸上人山人海。因为新亭本是三国时期重要的军事重镇,地处交通咽喉,所以当时除了京都建康城本地居民外,来自全国各地的商船,都停在水边看热闹。

只见三通鼓响之后，披红挂彩的浆轮船开始缓缓地前行，一会儿船便如同离弦的箭一般向前跃去。船驶过之处，拉起一道白色的浪痕，人们啧啧惊叹：

"这船可真快啊！"

"如果用来运货，可就省力了！"

"如果这是战船！敌人岂不闻风丧胆！"

"难道这就是传说中的'千里船'呀？"

只见宽阔的江面上，唯有一艘船劈波而行，就像一条在天河里自行的仙船，又稳又快。祖冲之站在船头，衣袂飘飘，仿佛仙人。

不一会儿，船又劈开波浪回航了，人们纷纷欢呼："千里船！千里船！千里船回来了！"

这艘船的速度如此之快，究竟是以什么力量传动的轮浆，我们会想当然地认为是人力脚踏。可是那史书上的记载"不劳人力"，已经明确地排除了人力脚踏的可能。或许是畜力？

不过，回过头来再看轮浆船本身的历史意义。轮浆船是现代机械船的前身，我国有记载的轮浆船当从祖冲之算起，而欧洲的轮浆船要到15世纪后期才出现。不过具有讽刺意味的是，我们这个船舶大国，最后居然被西方列强的轮浆船轰开了国门！

轮浆船一直沿用到了20世纪初期，才逐渐被机动船所代替。

《缀术》之殇

科学理念的争论原本是正常的。但是一个科学家不能以低下的人格去不负责任地诋毁自己尚未弄通的他人成就。不然，后世的研究者们会将他钉在耻辱柱上。

在我国的数学史上，还记载着一本已经亡佚的数学名著——《缀术》，其作者就是祖冲之、祖暅。《缀术》是一部算经，不仅是南北朝时期的一部影响深远的数学著作，并且一直流传到唐朝，并在唐朝流传到国外。这本算经汇集了祖氏父子的数学成就。由于这本书多半都是修订前人的著述，专业性极强，以致"学官莫能究其深奥，故废而不理"（见《隋书》）。在唐朝的时候《缀术》被收入"算经十书"，成为唐代国子监的数学课本。国子监自隋唐以后一直是我国的中央最高学府，也是高等教育管理机构。"监"既是官署，又是中央机关官办最高学府，教育功能相当于与隋唐以前的国子学。据记载，在唐朝的国子监里学习《缀术》，需要四年以上的时间，可见《缀术》里知识的艰深。于是《缀术》渐渐被冷落，以至于课本都找不到踪迹了。

我们知道一个"高山流水"的故事，子期能欣赏伯牙的琴声，所以《高山流水》就有了欣赏者，等到子期一死，伯乐破琴绝弦，终身不复鼓琴。《缀术》这本伟大的著作，曾经还东渡扶桑，却也不免"曲高和寡"的命运，到北宋的时候就亡佚了。这真叫人痛心。

根据《说文解字》的解释，"缀"有两层含义：一是组合，二是修补、校正。由此可见，祖冲之的《缀术》其实就是一本对前代数学著作修订、查漏补缺的合订本。

祖冲钻研过《九章算术》以及大数学家刘徽作的注解，给《九章算术》和刘徽的《重差》作过注解。后来他便将毕生所学编著成《缀术》一书。我们现在只能通过一些历史文献的零星记载来了解祖冲之的《缀术》部分内容：《隋书·律历志》关于祖冲之进行圆周率计算的记载；唐代天文学家李淳风在《九章算术》中关于祖冲之和儿子祖暅求得球体体积的记载，关于"开差幂"和"开差立"问题，二次方程和三次方程的求根问题，等等。

祖冲之还根据《缀术》又增加了五卷书，后来他的儿子祖暅又著述了《缀术》二卷。

根据《说文解字》的解释："术"者，测量高低和远近，推求方位和地势，算学家称它为术。术是个象形字，像在木头上划直线用的墨斗。求天体的运行，推算节气朔望的盈缩变化，叫做"缀术"。就是指不可以用形体来考究，只能用算学的方法把它们连缀起来计算而已。北齐祖暅著有《缀术》二卷。不过，《缀术》究竟是祖冲之所作，还是祖暅所作，还是父子二人合力所作，中国数学、史学界尚且没有定论，这就有赖于以后的考古发现了。不过可以肯定的是：首

博学多才 祖冲之

先它是祖冲之父子的著作,其次它是我国古代自汉魏到隋唐水平时期的最高水平数学著作。

我国古代曾经有几个数学学科发展的高峰期,由汉至唐的千余年间前后面世了十部数学著作。唐代国子监中的算学馆,将当时的天文学家、数学家李淳风带领众人注释的十部算经作为教材使用,并用来进行考核。这十部算经依次是:

《周髀算经》,这是中国流传最深、最广、最久的一部数学著作,也是一部具备了一定宇宙观的天文学著作。在中国古代,各家学说百家争鸣,不同的派别对于宇宙的认识都不相同。天文学界也有三种不同的学说,其中"盖天说"的代表作便是《周髀算经》。"盖天说派"主张"天象盖笠,地法覆盆"。这种说法很形象,天空就像戴着的一个斗笠,大地就像翻扣着地的一个盆,而人就在这两者之间。据考证《周髀算经》约成于西汉时期,即公元前1世纪。目前传世的南宋嘉定六年(1213年)刻本是目前发现的传世的最早刻本。中国古代历代数学家都曾为这部算经作过注解。经唐朝李淳风等人作注之后,这本算经传入了日本和朝鲜,目前在这两个国家也发现有翻刻的注释本流传于世。

《九章算经》,也叫《九章算术》,它在东方数学史上的地位等同于西方欧几里得的《几何原本》,对后世的影响深远、巨大。据文献记载,《九章算术》成书于公元1世纪,是战国和西汉时期数学成果的汇总。《九章算术》名为九章,实际是分门别类,用"方田"、"粟米"、"衰分"、"少广"、"商功"、"均输"、"盈不足"、"方程"、"勾股"九个章节,详细揭示了246个与实际生活密切相关的数学问题。《九章算术》最突出的是算术和代数两方面的成就。算术方面，《九章算术》系统的讲述了关于分数运算的各种数学方法。其次是对于各种比例问题和"盈不足术"的解决方法。代数方面，联立一次方程组的解法、负数概念的引入和正负数加减法法则，这些都是领先世界水平的成就。此外还有开方、开立方和一般二次方程的解法，等等。对《九章算术》的核校，历来是数学家们的必修课。魏晋时代的大数学家刘徽和唐代的李淳风是修这门课成绩最好的两位，他们的注释也和《九章算术》一起流传至今。自20世纪中期以来，《九章算术》作为世界顶级的古代科学名著，被翻译成德文、俄文、日文和法文等多种文字。

《孙子算经》，作者以及成书时间均没有找到出处，但是从《张丘建算经》、《夏侯阳算经》两部算经的序中都提到了《孙子算经》，于是我们推测《孙子算经》的成书年代早于上述两部著作。《孙子算经》共分上、中、下三卷，上卷是系统的论述算筹记数法，筹算的乘、除、开方以及分数等计算的步骤和法则。都是有关古代算筹仅有的珍贵资料。下卷中第26题，是经典的"物不知数"的问题，是求解一次同余式的问题，也就是现代数学教科书里的余数问题。这个问题和对于古代编制历法，对于其计算"上元积年"的算法密切相关。这一算法至宋代，便发展成了求解一次同余式的普遍解法——大衍求一术。

《五曹算经》，北周甄鸾著。甄鸾是一位天文学家，曾编

博学多才 祖冲之

制《天和历》并于天和元年（566年）颁行。"五曹"的"曹"字是指官员，五曹则是指五种官员。"田曹"要设计各种土地面积、田亩收成的计算；"兵曹"要涉及人马配置、给养运输的应用；"集曹"要涉及贸易交换；"仓曹"要涉及粮食税收、仓窖体积的问题；"金曹"要涉及丝织品交易等问题。这部算经的实用功能非常强，共收录67个应用问题。

《五经算术》，北周甄鸾著，分二卷。该书中对《易经》、《诗经》、《周礼》、《尚书》、《仪礼》、《论语》、《礼记》等儒家经典中的与数字有关的地方加以注释，数学成就有限，但是对研究经学起到一定帮助。现传本也是抄自《永乐大典》。

《夏侯阳算经》，作者身份和成书年代均不可考。可以推断的是要早于《张丘建算经》。但是现传本《夏侯阳算经》里面却包含了8世纪之后的应用问题，比如唐中叶之后才颁行的税收制度。现代数学家推测，极有可能是后代的数学家们为此书增加了内容。全书共三卷，收录了83个数学问题。

《张丘建算经》，作者身份和成书年代均不可考。据推断，大约成书于5世纪中的南北朝时期。全书共三卷，现传本已经残缺，尚留下92个问题。《张丘建算经》中需要重点指出的是论述了等差级数问题、二次方程问题、不定方程问题等。

《海岛算经》，魏晋时代大数学家刘徽著。这本书一开始是作为附录存于他为《九章算术》的注解后，直到唐朝初年才开始发行单行本，作为一本单独的书流传于世。此书的第一题便是测量、计算海岛的高、远问题，故名《海岛算经》。现在的传本是清代编修《四库全书》时抄录的《永乐大典》一书，全书共9题，均是解决山、岛等复杂地貌的测量、计算问题的，可以说是中国目前发现的最早的一部测量数学专著，也为中国地图学的高度发展打下的数学基础。

《缉古算经》，唐王孝通著，成书于7世纪初。共收入20个问题，列出三次方程式共28个，是中国数学史上第一次明确提出并且解决关于求解三次方程的问题。该书还讲到了筑坝问题，关于修筑两端宽窄不一、高低不同的堤坝的问题，以及已知体积反过来求边长等问题。

《缀术》是祖冲之所作，还是祖暅所作，中国数学史界至今没有定论，在可以预见的将来也不可能有定论。不过，有两点是可以肯定的：一，它是祖冲之父子的著作。二，它是中国自汉魏至隋唐水平最高的数学著作。李淳风高度评价了祖冲之的数学贡献，认为"指要精密，算氏之最者也"。他所著的《缀术》，因"学官莫能究其深奥，是故废而不理"。

上面之所以罗列十部算经的主要成就，是因为笔者心中有遗憾。我们知道，这些书的成就大都遥遥领先于世界水平，可是在后来的岁月中却或是亡佚，或是残缺。北宋时期曾经再次将十部算经刊印、发行。这是世界数学史上一次最早的、最系统的系列数学著作刊印，可是，《缀术》却已经亡佚，当时实际刊印的便只有九种了。等到南宋时期再次翻刻时，便用《数术记遗》替代了《缀术》的位置。等到了明

博学多才 祖冲之

代的时候,重新刊印的十部算经也几乎失传!直到清代编修《四库全书》,才发现流传于世的南宋刻本(均系孤本,孤本就是仅有一本)只有《周髀》《九章》(只有前五章,残)《孙子》《五曹》《夏侯阳》《张丘建》七本,后来这七本中又有六本流落民间不知去向。清代学者戴震在参与编修《四库全书》时,只是从明代的《永乐大典》中抄出《周髀》《九章》《孙子》《五曹》《夏侯阳》《海岛》《五经》七本,又从宋抄本中抄录出《张丘建》《缉古》两种,《记遗》则是从明刻本中抄录,于是总算又凑齐了十部算经。

这十部算经的曲折身世,让人痛惜。我们还是回过头来看看关于《缀术》一书都引发过什么样的争议。

唐代还有一位数学家叫王孝通,比李淳风年长。他极力诋毁《缀术》,他说:"其祖暅《缀术》,时人称之精妙,曾不觉方邑进行之术全错不通,刍亭、方亭之间。于理未尽。"这句话的词语单独理解起来有难度,但是纵观一句"全错不通",我们就能判别是王孝通在批评祖冲之。但是,究竟是祖冲之"全错不通",还是王孝通"莫能究其深奥",一本书的优劣不是个别科学家不能理解就能否定价值的,也不是一个科学家吹捧就能捧上天的。前文说过,因为《缀术》很艰深,有人能理解,有人不能理解,也是很正常的。但是却由此引发了现代科学家的思考。

纵观中国的传统数学发展史。唐朝是中国历史上的强盛时期,国子监里也设有算学馆,并有将"算经十书"引入中央高等学府的举措,但是在学术研究上却停步不前。想来也是，连一本已经写成的《缀术》都没有人肯去用心钻研，嫌它"艰深"，那还能有什么伟大的发现呢？整个隋唐时期，虽然有李淳风这样的大数学家和天文学家，却没有自己的建树，除了天文历法计算时先后使用了等间距和不等间距内插法外，其他的无可陈述。隋唐时期的数学成就和数学理论水平，不仅比后来的宋元要差，也比不上前面的魏晋南北朝。我们今天说明朝的数学落后，那是因为有对比。因为此时正逢西方文艺复兴，西方的数学迅速崛起，随后变量数学产生，一进一退的形势就很明显了，中国从此从数学大国的位置上渐渐滑落，一直到今天还没能恢复数学大国的荣耀。将历史纵向看，我们之所以忽略了盛唐数学的落后，一是由于唐朝是盛世，且光芒被文学笼罩；二是随后而来的宋元数学的兴盛让人忽略了数学曾在唐朝出现过的寂寞；三是设立算学馆、明算科，整理"算经十书"造成了一片虚假繁荣。以至于乾嘉时期还有学者认为中国的数学"显于唐，晦于宋"。而我们如果要归根究底，那盛唐出现过伟大的数学家吗？有过什么建树？事实上，隋唐时期从来就没有一位数学家能和之前的刘徽、祖冲之相提并论，也没有可以和其后的贾宪、李冶、秦九韶、朱世杰等比肩的大家，也未发现任何一部能与之前的《九章算术》《九章算术注》《缀术》，之后的《黄帝九章算经细草》《测圆海镜》《数书九章》《详解九章算法》《四元玉鉴》《算学启蒙》等同日而语的数学著作。

　　王孝通的《缉古算经》，其重要贡献就是三次方程。然而据钱宝琮考证，南朝的祖冲之早已能解负系数的三次方

博学多才 祖冲之

程,远比王孝通只能解正系数三次方程高明。李淳风等整理和注释"十部算经",却除了对《周髀算经》注释的成就比赵爽大之外,其他都未能超越前人。王孝通和李淳风是唐朝最富盛名的两位数学家,他们都无所建树,其他人自不必说了。

实际上,李淳风作为一位数学家,还是能发现问题的。他已经觉察到隋朝和唐初的数学发展停滞,便直接批评国子监算学馆的学官,说他们对《缀术》"莫能究其深奥,是故废而不理"。因为不懂,所以抛弃,这也是造成《缀术》失传的直接原因。《缀术》列入了算学馆教材,可是他们这些"教授"都弄不懂,又怎么去教授学生,于是便"废而不理"。也许《唐六典》等史书反映的只是当时的官方文件,就像上有政策、下有对策一样,这个官方文件有没有被执行,《缀术》有没有被真正地应用到教学上,是一个难解的谜。笔者个人看法,因为《缀术》被"废而不理",那么在当时没有印刷术、书籍靠抄录的唐初,加上之后又发生安史之乱,唐末又是大混乱的局面,估计在唐朝可能就已经亡佚。笔者认为,是唐朝的数学落后,做了《缀术》亡佚的刽子手。

说到李淳风和王孝通这两位关键人物。这两位数学家按理来说,即使不能理解其他的数学家,也不应对人横加指责。首先听听李淳风等对刘徽的批判。第一处见于《九章算术》"方田章方田术"注释,李淳风对刘徽注解的关于"凡广从相乘谓之幂"的定义,李一边说"观斯注意,积幂义同"，一边又说要从幂字的本义入手，指责刘徽关于对幂的定义"全乖积步之本义"。这段文字很难简单通俗地解释，总之就是说，李淳风要对刘徽的定义"存善去非，略为料简，遗诸后学"——所谓的去伪存真吧。这种指责，其实说白了只是两人学术见解不同，理解不同。《九章算术》里并没有关于幂的概念，它所说的"积"，既指面积，也指体积。刘徽在积中注明广从相乘的这一种，称之为幂，即现在类似于长×宽等于面积的这种"面积"概念。这样来解释的话，显然幂是积的一种。也就是说，幂是积的其中一种，而积包含了幂。从逻辑学的角度上来讲："幂是种，积是属，广从相乘是种差。"刘徽注释的关于幂的定义完全符合逻辑学中关于定义等于属加种差的定义要点。可是李淳风却把积和幂混为一谈，而去指责注释正确的刘徽，恰恰让今天的数学家们判断出李的逻辑修养和数学水平低于刘徽。

第二处也是见于"方田章圆田术"注释。李淳风认为："刘徽将以为疏，遂乃改张其率。但周、径相乘，数难契合。徽虽出斯二法，终不能究其纤毫也。祖冲之以其不精，就中更推其数。今者修撰，捃摭诸家，考其是非，冲之为密。故显之于徽术之下，冀学者之所裁焉。"他认为祖冲之的圆周率是值得肯定的，而刘徽则是完全错误。其实祖冲之与刘徽的圆周率，并没有谁是谁非的问题，祖冲之正是受了刘徽的启发而求出的圆周率。正确的理论和方法，其意义远比程序重要。只不过祖冲之在刘徽的思路上，将计算算到了人工能够达到的极限，结果更精确而已。钱宝琮指出："李淳风缺

博学多才 祖冲之

少历史发展的认识,有意轻视刘徽割圆术的伟大意义,徒然暴露他自己的无知。"笔者认为钱的看法相当中肯。李淳风并没有深刻理解刘徽的无穷小分割方法和极限思想,自然也不能完全理解祖冲之的圆周率。

第三处见于"少广章开立圆术"注释中,李淳风在引用祖暅的开立圆术之前批注道:"祖暅谓刘徽、张衡二人皆以圆为方率,丸为圆率。"然后他开始批判张衡和刘徽:"张衡放旧,贻哂于后。刘徽循故,未暇校新。夫其难哉,抑未之思也。"其实李引用了祖暅的话,却并没有真正理解祖暅的意思。刘徽否定了《九章算术》中的开立圆术,并设计了牟合方盖(见祖暅原理一节),得出了球与方盖的体积之比为 $\pi:4$,指出了有效解决球体积的途径,可惜的是他当时也没能求出牟合方盖的体积。这位胸怀宽广的伟大科学家,实事求是地记录了他的困惑,并表示"以俟能言者"——等待后人来解开。并且刘徽阐发的截面积原理,为祖暅日后阐述祖暅原理打下了基础。刘徽还指出了张衡开立圆术"欲协其阴阳奇偶之说而不顾疏密"的错误。后来祖暅终于求出了牟合方盖的体积,解决了刘徽的困惑。这样看来,李淳风对刘徽的指责就比较可笑了,刘徽并没有循张衡的旧,而祖暅正是在刘徽的基础上完成的祖暅原理,所谓祖氏父子对刘徽的指责是李淳风的误解。他用祖暅的话来推测祖暅对刘徽的指责,同样是因为未能正确理解设计牟合方盖的理论意义和实践意义的伟大之处。

我们再来看看王孝通对祖氏父子的批判。王孝通对刘徽的态度正好和李淳风相反，他对刘徽的评价还是不错的："魏朝刘徽笃好斯言，博综纤隐，更为之注。徽思极毫芒，触类增长，乃造重差之法，列于终篇。虽即未为司南，然亦一时独步。"他甚至把刘徽推崇为魏晋数学的"独步"。不过，王孝通显然并没有真正理解刘徽的数学思想和成就，尤其是无穷小分割方法和极限思想，不然，他也不会一边夸刘徽，一边又认为自己比一切数学家都高明。相对于祖冲之父子，王孝通就一句话：《缀术》是有严重错误的。由于《缀术》已经失传，我们已经很难去驳斥王孝通，但是我们可以从祖冲之父子的其他著作中看到祖冲之父子的严谨和求是态度。因为历史是不断进步的，今天的数学家们翻遍古人的著作，唯有刘徽和祖冲之父子错误是最少的。刘徽的《九章算术注》，除了图片之外，被完整保留了下来，刘徽除了反驳《九章算术》宛田术时，出现了一个推理失误，迄今为止未能发现别的错误。而祖冲之父子除了继承了刘徽的数学思想之外，"知之为知之，不知为不知"的求是态度也是一脉相承的。笔者曾经闪过一个念头，以祖冲之的严谨，他对于如何计算圆周率应该会有一个完整的记录，会不会就在《缀术》里面有所体现？李淳风说《缀术》艰深难懂，但是从他对刘徽的批判，我们可以想见，只是他弄不懂，而王孝通也"莫能究其深奥"，却又不肯承认，才去批判"全错不通"。前面说到刘徽全是在反证王孝通和李淳风的不通，他们没有理解《缀术》里面高深的内容，无法理解其中严密的逻辑，尤其是无穷小分割方法和极限思想。

博学多才 祖冲之

当然,我们不能苛求古人,因为刘徽的这些贡献,祖冲之继承的无穷小分割和极限思想,到了20世纪70年代末才被数学家接受。因此,只能说刘徽和祖冲之都是划时代的伟人,我们需要时间来理解他们。幸运的是,刘徽注解的《九章算术注释》保留了下来;不幸的是,《缀术》没有流传于世。这个在刘徽的无穷小分割思想和极限思想的基础上再向前迈一步,哪怕是一小步,王孝通、李淳风和当时的学官们是无论如何也理解不了的。笔者认为,这也许是"学官莫能究其深奥,是故废而不理",导致《缀术》失传的根本原因;也是王孝通指责它"全错不通"的根本原因。

笔者写这段文字的时候,对刘徽和祖冲之父子肃然起敬。从他们身上,我们看到一种学术品格,刘徽的"以俟能言者"表现了一位真正的科学家的胸襟。我想,如果后世能有一位科学家,虚怀若谷,即使不能理解前人的思想,也能将前人的著作保留,"以俟能言者",该是一段多么美好的佳话啊!

其他领域的著述

这则附录让笔者的心情久久不能平复,为那些亡佚的著作。但愿以后再也不会有这样的悲剧,但愿考古学家能给我们带来惊喜。

祖冲之这位伟大的科学家，遗留于世的成就斐然，一生著述颇丰。他可以说是一个全才。他的著作内容也是广而深。除了数学专著《缀术》一书，以及编制《大明历》之外，他还写了一些关于注释古代典籍的文章。

《隋书·经籍志》曾经录有《长水校尉祖冲之集》五十一卷，可惜的是这本书也已遗佚。

后人整理了部分散见于其他史籍的片段，归纳出祖冲之以下著作：

《安边论》，佚。

《述异记》十卷，佚。

《易老庄义释》，佚。

《论语孝经注》，佚。

《缀术》六卷，佚。

《九章算术义注》九卷，佚。

《重差注》一卷，佚。

《大明历》。

《上大明历表》。

《驳议》。

《开立圆术》。

博学多才 祖冲之

第六章

科学巨匠光耀环宇

晚年的祖冲之

祖冲之的晚年，正值南齐后期，统治阶级内部矛盾尖锐，政治黑暗，社会动荡不安。

在这种情况下，祖冲之的研究方向有了很大的变化。他着重研究文学和社会科学，同时也比较关心政治。

祖冲之曾为《易经》《老子》《庄子》《论语》《孝经》等古代哲学、文学书籍作过注。此外还著有小说《述异记》十卷。但这些著作都象《缀术》一样失传了。

此外，祖冲之对于音乐理论也很有研究，达到当时的最高水平。我国古代音乐音阶的各个音称为"律",最初只有五个,叫"五音"或"五律",以后发展为七律、十二律。每个律有专门称呼,如"五律"的名称分别是:宫、商、角、徵、羽。音律是指选择构成音阶的各个音间的规律。如何来辨别这些音律呢?这里有一定的标准。古时有一种叫做"黄钟律管的专门工具,可以按照它的长短对音律进行校正。另外,黄钟律管还具有校正度量衡的作用。祖冲之研究过晋初的铜尺和黄钟律管。

在我国古代,数学理论和音乐理论有许多相通之处,有着密切的联系,精通数学的祖冲之,精通音乐理论是很自然的事。

公元493年,齐武帝萧赜刚去世,继承皇位的齐明帝为了稳固皇位大杀皇族,又引起统治集团内乱。随后,北朝的北魏趁机出兵进攻南齐,战争从494年持续到了500年,齐的军事重镇寿阳(今安徽寿县)也被北魏占领。南齐很快地衰亡了。

在齐明帝时,祖冲之除了继续担任原有的职务外,又被任命兼任军职——长水校尉。长水校尉的具体职务是管理国内的少数民族部队,其中大部分是南齐和北魏作战时招降和俘虏的北朝士兵。南齐把年近七十的祖冲之从文职调任军职,说明南朝统治者已经无力维持局面,同时也说明了祖冲之本人有一定的军事才能,并且也愿意在军事方面为国家贡献自己的力量。

祖冲之在其晚年,不仅担任军职,而且还提出了"富国

博学多才 祖冲之

强兵"的政治主张。他作了《安边论》这一政治军事论文上报朝廷,希望政府在北部边防线附近进行屯田和移民,以增加国家的经济实力和军事实力。可惜这篇文章也没能流传下来,我们只能从其它书上的一些零星记载中猜想《安边论》的内容了。祖冲之不仅提出了《安边论》,而且还积极创造各方面的条件,准备实施他的设想。所以他到各地进行视察,并兴办了一些建设事业。可是,当时南齐的统治已经无法再维持下去。国家政权摇摇欲坠,再加上南北朝之间的连年战争,祖冲之良好的政治主张无法在国家内部施行,更无法实现了。祖冲之一生从事科学研究和政治活动,在作出了杰出的贡献之后,于公元500年(齐永元二年)与世长辞,终年七十二岁。但他开创的科学事业并未因他的去世而停步不前,他的儿子祖暅、孙子祖皓都精通科学,在祖冲之的身后作出了自己的贡献。

我国历史上出现过不少父子相继的世家。象文学世家(如曹操、曹丕、曹植;苏洵、苏轼、苏辙)、史学世家(如班彪、班固、班昭)、书法世家(王羲之、王献之);同时也出现过一些科学世家,祖冲之与其子祖暅、其孙祖皓就是三世相传的科学世家。

祖暅自幼继承父业,在父亲的精心教育下,认真钻研科学,他思维敏捷又学习刻苦,所以进步迅速。在很年轻的时候,就对天文历法和数学有了深入的研究,为他后来的科学工作打下了良好的基础。当他钻研学术入神的时候,连雷震的霹雳声也听不见。据说有一次,他走在路上,边走边思考问题，不知不觉地撞到迎面而来之人的身上还没什么感觉，直到那人叫他，他才明白过来。由此可见祖的勤学与刻苦钻研的精神，别人都认为他的治学态度不亚于其父。因此，祖在学术上取得了不少的成就。尤其是天文历法和数学。

月球上的"祖冲之山"

这个一千多年前的古人让笔者的心中充满了敬意。有时候笔者望着天上的一轮明月——那一轮被祖冲之观测了几十年的月亮，脑海中就会不由自主地想：祖冲之山，究竟是在月球的哪一个位置呢？那颗编号1888号的小行星，究竟又是哪一颗呢？

1964年11月9日，中华人民共和国向全世界宣布，将编号为1888（1964，No.1）的小行星命名为祖冲之星。

小行星1888是由我国南京紫金山天文台于1964年发现的。为了纪念祖冲之（429—500年）在天文学和数学上的伟大成就，我国政府将他的名字永远地留在了浩瀚的太空。

祖冲之是历史长河中人类了解宇宙、征服宇宙、探索太空、征服太空的一个里程碑。虽然，他所处的那个时代，没有宇宙飞船，没有登月，但是，正是有他的引领，让人类对宇宙的认识从无知到有知的。他不仅受到我们的敬仰，作为我国古代杰出的数学家和天文学家，他在世界科学史上也占

博学多才 祖冲之

有重要的席位。祖冲之在天文、数学、历法以及机械制造等方面的成就,充分展现了我国古代科技水平的高度,也赢得了世界的尊重。巴黎的发现宫科学博物馆馆壁上,铭刻了祖冲之求得圆周率的事迹,莫斯科大学礼堂的走廊上镶嵌着祖冲之的大理石雕像。

1960年,苏联宇航员加加林登陆月球,科学家们在仔细研究了月球背面的照片之后,决定用世界上最有贡献的一批科学家的名字来命名那片神奇的山谷。其中一座环形山的荣耀,他们敬献给了我们的古代科学家祖冲之。从此,被祖冲之观测了一生的月球上,有了祖冲之的名字"祖冲之环形山"。

祖冲之的影响与现代数学史教育

中国古代有许多优秀的数学家,其中祖冲之在现代的影响最大,产生这一现象的原因是他的历史地位,大众传媒的作用及政治的需要,这对现代数学史教育的启示有:进行数学史教育要联系学生的数学知识,深入浅出,以人为本,应对教材进行修订和要进行数学精神的宣传。

提起祖冲之恐怕很少有国人不知道他的名字他是中国古代的大科学家、大数学家,以计算圆周率而出名。这种妇孺皆知现象产生的主要原因是，我们的宣传和教育。历年的小学数学教材中都提到他的名字，报刊杂志上也经常见到他的事迹，还有许多介绍他生平的论文和专著。实际上中国古代比较重要的数学家不止祖冲之一人，刘徽、秦九韶等人的贡献都不在其下。但为什么祖冲之的影响这样大？其他人却鲜为人知。分析祖冲之出名的原因对我们更好地进行数学史教育有一定的启示作用。

祖冲之的历史地位　从数学史研究的结果得知，祖冲之在数学中的最大成果应该是《缀术》该书在唐朝时算学馆的学生要花费4年时间进行学习，被认为是算经十书中最难的一种，但可惜已失传。再往下排就是圆周率的计算结果：$3.1415926 < \pi < 3.1415927$，在当时是世界领先的记录，分别到公元1424年和1573年才由外国人打破，祖冲之的贡献受到现代人的高度赞扬。

然而，祖冲之的这一成果对中国数学后来的发展产生过什么影响，恐怕很难有直接的结论。圆周率只是一个常数，在实际应用中有三四位精确值已足够用，目前将其计算到2000多亿位并不是为了应用，而是为了检验超级计算机的硬件和软件的性能等。隋唐数学乃至宋元数学中那些值得我们骄傲的辉煌成果中并没有见到圆周率的影子，后世数学家似乎对此失去了兴趣。祖冲之的亮点在中国成为千古绝唱，后继无人。这一现象令人深思。

祖冲之还应因《缀术》产生过影响，可该书失传，无法断定其影响的具体内容。后世数学著作中也鲜见提及祖冲之

博学多才 祖冲之

及其成果的,程大位的《算法统宗》(1592年)在"算经源流"中没有提到《缀术》,可能当时该书已失传。为什么失传?是曲高和寡还是另有原因?难以断定,《算经十书》中唐代王孝通(7世纪初)的《缉古算经》(约630年)是最晚的、也是较复杂难读的一种,流传至今。宋代秦九韶的《数书九章》(1247年)以手抄本形式流传了近600年,而被认为如此重要的《缀术》竟然消失得无影无踪,实在是一个谜。

祖冲之出生在一个宦官世家,本人也曾做过四品官(长水校尉),这样,史籍中便有了他的位置,《宋书》《南齐书》《南史》中都有他的传记。《隋书·律历志》还记载了他的圆周率贡献,对比之下,刘徽只是一个布衣数学家。正史中根本没有他的位置,同样在数学上作出重要贡献,只因人的地位、经历不同而有不同的"待遇",造成在后世不同的影响,这种现象并不鲜见。祖冲之当了官还有那样的成果,被认为了不起,大书特书也就不足为奇了。

大众传媒的作用　祖冲之的家喻户晓是我们宣传古代科学家的一个成功的范例,这得益于大众传媒的作用。祖冲之的名字不仅上了中小学的教材,还出现在包括《人民日报》在内的各类报刊上,进入了《辞海》及各类《百科全书》。50年代,苏联重修莫斯科大学时将祖冲之的彩色大理石画像镶嵌在礼堂的走廊中,1959年人类发现月球背面一个新的环形山谷时,还决定以祖冲之的名字命名,新中国发行的第一组古代科学家邮票(1955年,编号纪"33"共4枚)就收入了祖冲之（第 2 枚），其颜色还有别于其它 3 枚，成为该组邮票中的珍品。

由此看来，宣传一个人应该是全方位的，要利用各种媒介工具。我国古代优秀的数学家还有许多，应当像宣传祖冲之那样对他们进行大力宣传，更好地提高数学史教育的效率。

当然，祖冲之不仅是数学家，还是一个科学家，他的《大明历》、指南车、千里船、水碓磨等都是中国古代科学技术史上的经典。各个学科都有理由宣传他的成果，祖冲之是中国古代科学家的代表人物之一。

特殊年代的产物　祖冲之知名度的提高还有一个重要的原因是政治的需要，是爱国主义教育的需要。1949 年新中国成立后，百废待兴，加之遭受帝国主义的封锁，国民经济和人民生活都处在一个较低的水平，因而振奋精神，调动人民群众建设社会主义的积极性成为非常迫切的任务。科技史工作者应用自己的专业知识责无旁贷地肩负起这一历史使命。从 50 年代中期开始，宣传祖冲之正是这种客观形势的需要。这一现象有些类似于 70 年代末 80 年代初关于数学家陈景润的宣传，同样是为了激励民众、鼓舞士气，并且这种传统一直延续至今。我们现在的教学大纲中仍然宣称要通过介绍我国古今的数学成就和数学在社会主义建设中的作用激发民族自尊心和爱国主义思想，这也是教学大纲中唯一提到数学史作用的词句。

我们的宣传和教育长期以来的观念是：只讲中国先进的

博学多才 祖冲之

东西，不讲落后的部分，否则就认为达不到宣传教育和激励的目的。实际上，祖冲之在中国古代科学家中并无多大优势，论爱国他不如明末科学家徐光启，祖冲之生活的年代国家没有外患，他本人也未立下什么强国富民的言论，而徐光启则将热爱祖国、热爱科学、热望用科学富国利民作为他终身不渝的一贯宗旨。论现存数学成就，他比不上魏晋时期的刘徽和宋代的秦九韶等人。但祖冲之也有特点，其最大的优势是圆周率成果比外国早了1000年。如果再考虑上英雄人物形象的"高、大、全"，他就更加突出，徐光启入过天主教，刘徽仅是一介草民，而秦九韶人的品颇受非议，唯有祖冲之几乎找不到什么缺点，即使当过封建社会的官也是个好官、清官、为民造福的官。有关祖冲之的史料不算多，可在宣传的大前提下可以尽力去补充。

影响的具体分析 祖冲之有很大的影响，这是事实。但仔细分析这种影响会发现一些问题。

首先，祖冲之的"密率"是一个特殊的数值，是圆周率 π 的一个很好的近似值，它很精确，相对误差只有9/108，也很简单，比它更接近圆周率的分数中分母最小者是52163/16604，因而这一成果常被人夸耀，但前面已说过，该值好像并未在传统数学中起什么作用。中国古代数学成果中与圆周率类似的是幻方，3阶幻方也是中国最先发明的，将1~9排成纵、横、斜都相等的3阶方阵，很好理解也有趣味，甚至比圆周率更引人入胜，可以当作数学游戏玩。但是因为它的发明没有具体作者，宣传时无法附加人文的东西，加之长期没有找到其实用价值，因而幻方的影响远不如圆周率。

其次，我们以往宣传祖冲之，主要是讲他的成果，即计算圆周率的结果，而不注意他是如何得到这一结果的，当然这与史料缺乏有关。但长期这样做的后果是，人们不再关心祖冲之艰难求索的过程，只津津乐道其结果如何如何的先进，这在教育上是不利的，我们应该在介绍这一成果的同时启发学生的思维，使他们了解古代计算的程序，比较祖冲之结果与现代精确值之间的误差，更深刻地理解古人工作的意义。我们还可以给出古代当时的计算条件，让学生自己寻找求解的方法，培养学生的创新意识，使数学史教育成为提高学生素质的途径。

如何进行数学史教育的建议　将祖冲之与刘徽进行比较可以看出，刘徽在数学理论上的贡献要比祖冲之大。但长期以来，刘徽的名气不如祖冲之，这恐怕还与他的成果抽象不那么实用有关。祖冲之的圆周率道理很浅显，谁都明白，而刘徽的工作则需要大量预备知识，不专门学习数学的人很难一下子弄懂。联系到现在，数学是公认最难教和难学的科目，这与认为学习数学缺乏实用、缺乏趣味的误解有关，普及数学史教育是改变这种状况的有效方法。数学史如何才能自然地被学生接受应从以下几个方面做工作进行数学史教育要联系学生的数学知识。数学史本身就是数学的一部分，是历史上的数学，讲解数学史无非是将同一个数学概念在古代与在现代的情况进行比较，找出二者的异同，借以展现数学发展演变的过程，启发学生学习数学的思路。例如函数概

念,是一个基本的数学概念,在中学和大学的不同科目中有不同的定义,要讲清这种状况,就要从历史角度去了解函数的变化过程,使学生理解函数的内涵,这无疑有利于数学学习。

进行数学史教育要深入浅出。我们现在中学里所讲授的数学知识大多数在2000年以前就已经出现,大学里所讲授的数学知识多数也出现在200年以前,因此古今数学在表述上有较大的差异,在方法上也有不同。介绍古代的数学知识,不能以今人之心度古人之腹,想当然套用现在的公式,用现在的思维进行推演。笼统地说,现在某个结果是谁在某某年得到的而应当深入到当时的情形中。例如数学定理或公式产生的背景使用的号,当时的方法等等,使学生明白古代的结果,只能相当于现在的某个结果而不可能等同。另一方面,数学史更要介绍课本知识在现在的发展状况,为学生展示所学学科最新的成果,这需要浅出的工夫,用形象的比喻生动的例子将前沿数学家的工作表述出来,使学生不仅知道来龙还要知道去脉。在专业上有所追求,继而树立远大的志向和奋斗目标。

数学史教育要以人为本。数学史是一部数学概念的发展史。也是一部数学家奋斗的创业史。要传播数学史知识,首先要宣传创造数学的数学家本身,以数学家的事迹来感染学生,激发起他们的求知欲,我们希望的思想教育、品德教育等德育也能很好地融汇到数学史教学中。在目前强调的素质教育中,人文精神教育是不可或缺的重要内容。这可以在数学史讲授中顺利自然地贯彻，此外，榜样的力量是无穷的，许多数学家谈起从事数学的经历时，常常说上学时听过某位数学家的故事，从而确立研究数学的方向，数学史上这样的例子不胜枚举。

应对现行数学教材进行修订。目前的数学教材中仅有少量的数学史知识，一般还作为附加成分单独用方框圈起来，有的与所在课本内容有一点联系，而更多的则没有联系，仅仅是课外读物。老师课上不，讲课后也不要求学生读，因为考试不考，学生也就不去理会，形同虚设。对比之下，我们见到的国外数学教科书中有大量的数学史料，图文并茂，引人入胜。数学史教育也要注意趣味性，不能搞史料罗列，照本宣科，而要与课本中的数学知识有机结合，起到引导辅助学习的作用。近闻国家教育部组织的中小学数学教材修订，已在这方面作出尝试，相信会有较好的效果。

注意数学精神的宣传。数学教材中不但要有具体的数学史料，更要注意数学精神的宣传，注意整个数学成果的产生及其背景的介绍，使学生了解探索数学观念的历程，树立正确的科学观和方法论。例如，数学一贯被认为是严密、精细的科学，学生也从来不怀疑所学知识是否存在问题，但数学的严密性是逐步建立起来的，目前仍存在巩固数学基础、探索数学意义等问题，还有争论数学是发明还是发现等热点，让学生了解这些，少一些盲从，多一点探索，对启发思维、培养创新是有好处的。

祖冲之是中国古代科学家的杰出代表，无疑应该很好地

博学多才 祖冲之

纪念。但同时我们应该开阔眼界、树立全人类文化科技的大局观。就数学而言,中国在当代距世界领先水平尚有相当的距离,需要我们年轻的一代奋起直追,只有了解历史,才能正视现实,数学史教育是未来数学突进的必经之路。

世界同庆圆周率日

由于信息的畅通,祖冲之的成就也被世界上越来越多的国家所认可。世界各地的大学为了纪念祖冲之对圆周率的精确计算,用各种方法来庆祝"圆周率日"。不过,遗憾的是,祖冲之的故乡却缺席了。

德国数学史学家康托曾经说:"历史上一个国家所算得的圆周率的准确程度,可以作为衡量这个国家当时数学发展水平的指标。"

先说句题外话,我们今天用 π 来表示圆周率,其实这个符号和圆周率原本并没有关系,只是图一个方便。原来,π 本身只是一个希腊字母,但是从1736年开始,大数学家欧拉总是在书信或者论文里用 π 来表示圆周率,后来人们就干脆将 π 当做圆周率的符号了。当然,π 除了在数学领域表示圆周率外,在其他领域也用来表示别的东西。

在数学领域,关于对高精度 π 的真值计算直到今天意义重大。π的计算现在被用来测试或者检验超级计算机的性能，尤其是对计算机的运算速度和过程稳定性测试方便有效。这可是近年的一大发现。当年英特尔（Intel）公司在即将推出奔腾（Pentium）芯片的前夕，对机器的运算速度和稳定性进行测试，正是在运行π的计算时发现了一个小问题。现在进行程序员考试的时候，编制π的运算程序，已经被定为测试计算机性能的一个标准程序。

说起计算圆周率的真值，其实古希腊一开始是走在中国前头的。在公元前5世纪，当希腊数学家得出了3.1416的数据时，我国还停滞在"周三径一"的古率阶段，一直到西汉的刘歆才得出了3.141547和3.14166的数据。后来祖冲之一举算出圆周率大于3.1415926小于3.1415927的结果，才将希腊数学家远远甩在后面。

我们已经知道，密率355/113也表示π的近似值。1913年，日本的数学史学家三上一夫感叹一千多年前祖冲之的大智慧，便建议将密率命名为"祖率"。一千多年后，16世纪的德国人V.奥托和荷兰人A.安托尼斯才再次发现圆周率的密率355/113。密率（祖率）好分又好记，你看113355多么简单，只要将它们拦腰一分便成了。我国当代数学家张景中院士著文《数学家的眼光》指出：密率与π的精确值极为相近，其误差不超过0.000000267。以数学家的眼光看来，最好的近似分数，既要精确，又要简单好记，分母不能太大。现代数学已经证明：在所有分母数不超过16500的分数中，密率355/113是最完美的数字。

博学多才 祖冲之

美国麻省理工学院倡议：将3日14日（寓意3.14）定为国际圆周率日（Nationalp Day）。据谷歌报道：2009年3月初，美国众议院正式通过了一项法案，将每年的3月14日定为美国国家圆周率日。亲爱的同胞们，如果在3月14日这天，你走进麻省理工学院，碰上学生们对你说"圆周率日快乐"，你一定不要惊讶。你可以加入到他们当中去，以自豪的口吻同他们讨论关于圆周率问题，并一起同吃馅饼——英文pie与圆周率音译pi同音，以及饱食各种其他圆圆的美食。你还可以背诵圆周率，也许来自祖冲之故乡的你能得冠军呢！

再让我们看看其他国家的圆周率日都有什么新鲜事。去看看加拿大滑铁卢大学，那里不仅有香甜可口的馅饼供应，并且3月14日恰逢著名物理学家爱因斯坦（Albert Einstein，1879—1955年）的生日，可就更热闹了！他们还别出心裁地"择时辰"庆祝圆周率日：在下午1时59分开始庆祝。这正好代表3.14159啊。

留给后世的反思

我们都会为祖冲之的成就自豪。但是有人会问，为什么在祖冲之成功地将圆周率推算到第7位数之后，在漫长的千年岁月里，我们中华民族再无人能超越这一成就呢？难道只是一个天才，遇上了千年难逢的天时地利人和？或者说，因为祖冲之家族处于太平盛世，深受帝恩，所以能成就非凡？

其实原因只有一个——他达到了中国知识分子治学的最高境界。尽管天下动乱历经宋、齐、梁三个朝代的更迭，尽管受权贵排挤、也受战火纷扰，但是他淡泊名利，一意研究，才能一等到天下平定，就能拿出自己的科研成果造福于民。这是中国科学家最宝贵的治学精神。

在早期的中国数学史上，对于圆周率的研究出现了几次跳跃性的发展，如何将圆周率的值更加精确化，一直是古代科学家们的一项重要课题。一代又一代的数学家为此前赴后继，都曾付出过汗水和艰辛。尤其是南北朝的祖冲之，更是前无古人、后无来者地将圆周率精确到了小数点后第七位数字。

可惜的是在南北朝之后，圆周率的计算就进入了漫长的停滞期，一是祖冲之的成就难以超越，二是社会又陷入了动乱。由于侯景之乱，使得祖冲之的大部分著作包括数学著作都陷入了兵灾人祸之中，有的成了残卷，有的亡佚，给后人的研究和继承带来了极大的困难。还有一点就是社会制度的原因，隋唐之后开始实行科举取士制度，社会科学得到了空前的繁荣，自然科学却惨遭边缘化。在传统的中国知识分子的心里，科学家不是被斥为"奇巧淫技"，就是和街头算卦的江湖术士、巫婆神汉相提并论。尤其是天文学家更是被看做天灾、地变之类神鬼之事的代言人。

博学多才 祖冲之

前文说过的唐朝天文学家和数学家李淳风,就是唐朝的"国师"。如果说在南北朝时代之前,中国的自然科学发展还能如百花齐放一般,那么到了南北朝以后,就像百花凋零,唯有文学一枝花香了——随着"学而优则仕"的科举制度,传统的知识分子纷纷把文学作为首选。这种"重文轻理"的现象极不利于自然科学的发展。这种学科发展的严重不平衡,也为中国的自然科学在漫长的封建社会滞后烙下深重的印记。

祖冲之出生士族,可是这样一门科学家辈出的门第,由于是研究的自然科学,依然只能算是士族里面的寒族。好在祖家世代不以功名利禄为理想,故而他们的子弟依然是个顶个的博学、实在。祖冲之的数学成就,我们不必再细数,我们要说的是他的数学思想。他的数学思想对中国传统数学来说,是一场变革。他在计算圆周率的过程中,既继承了前人的割圆法推算的方式,又将筹算法发挥到极致。这种不拘一格的思想,也被后世的学者认可和发扬光大。后来的唐代高僧一行大师(唐代著名天文学家)与宋代的天文学家卫朴沿用了祖冲之的推算方式,都大获裨益。让我们欣慰的是,在南北朝之后的宋、元两朝,虽然依然奉行科举制度,自然科学家依然没有地位,但这两个时期依然科技人才辈出。这两朝是古代科技发展的黄金时代,都与后代科学家继承祖冲之的理论思想和科研思想密切相关。一千五百年前的中国,一个叫祖冲之的科学家,用最完美的品格和最光辉的成就,改变了我们的生活。

还有一个有趣的现象是,祖冲之经历了宋、齐、梁三朝,并没有遇到多少的明君,可是这些口碑都不怎么好的皇帝,对他的态度似乎还不坏。

祖冲之最早是进入国子监学习,少年成名之后,又被宋孝武帝召进皇家学府华林学省学习。宋亡后,竟陵王萧子良对他也恭敬有加。后来的梁武帝萧衍也和他常见面,并且萧衍在位期间,做得最有意义的一件事情就是将祖冲之编制的《大明历》向全国颁行。

虽然祖冲之那时已经过世十年,但是毕竟他的心血见了天日,实现了他编制新历为苍生造福的遗愿。祖冲之留给后人一个渐行渐远的背影,他一定是遗憾的。他的《缀术》竟然因为过于高深而在岁月里湮灭。要知道祖冲之和儿子祖暅的数学思想大部分都详细地叙述在这本著作中,那里面有他对中国传统数学著作《九章算术》作的十多篇修正论文。

其实,即使没有王孝通之流的故意冷淡,这本书也可能会失传。因为中国古代学术的边缘化已经让自然科学式微,科举制度有多强,自然科学就有多弱。当中国的自然学科被漠视,传统的自然科学被抛弃也就成了理所当然的事了。

古代的文人,往往喜欢发牢骚,不是个别人,而是一批一批的人。他们往往觉得自己"怀才不遇",很多人都在政治失意之后坐等"明君"的到来,就像一个赌徒把宝全押在了"明君"身上。其实我们回过头来看祖冲之时代的几个皇帝,以今天的考核标准来看,没有哪一个算得上是"明君","昏君"倒是够格。宋孝武帝荒淫无耻,兄妹乱伦。齐高帝

博学多才 祖冲之

笃信佛教,治国无为。祖冲之在南朝的72年,正是南朝历史最黑暗、政治最动荡的72年。可是在这样的环境下他却依然实现了自己的理想。因此,不能不说,所谓的"怀才不遇",其实是可以自己来改变的。

祖冲之不是一个阿谀奉承的人,但是历任帝王却对祖冲之格外赏识。其实很简单,因为他没有个人的政治野心,又不参与政治利益集团,科研就是他生命的全部意义。推及到各行各业,这就好比工人之于机器,农民之于土地,教师之于学生一样。而另一个原因就是大环境的影响。古代科技的发展,好比给了祖冲之一块坚实的土壤。他不是自己摸索着前行,他是站在巨人的肩上——他的恩师何承天,他关注的大科学家刘徽,等等。南北朝时期正是中国古代科技的辉煌时期,祖冲之代表的特殊的阶层——自然科学知识分子阶层,是一个在当时具有广泛影响力的阶层,这个阶层基本上由世家组成。

中国传统哲学,道家讲天人合一,道家和天文学家有太多的相通之处。现在的人们总是强调人的无限能动性,其实这是一种精神痼疾。人有时候需要大环境的支撑,才能实现自己的理想。我们今天讲起南北朝的科学家,脱口而出就是祖冲之。其实,那个时代有一大批赫赫有名的自然科学家,只是祖冲之的光辉掩盖了他们。这段文字的意思是说,祖冲之并不是一个人的成功,而是那个生机勃勃的大环境孕育出来的硕果。

还有一点值得我们今人思考的是:你能做什么?你在别

人眼中是否是个有用的人？

有一点需要指出的是，历任统治者赏识祖冲之，很大程度上是因为他有用，能够在需要的时候发挥作用。

当年刘宋太祖刘裕北伐的时候，缴获了一辆北军的指南车。自从上古的黄帝用指南车巡视天下之后，后世的皇帝仰慕不已。指南车上的小木人，手臂总是指着南方，作用和司南一样，能在旷野中指引方向，但是又比司南神气。所以，宋孝武帝到处寻找能工巧匠修补指南车。因为车里的机械装置都已经被毁坏，修补是不可能了。结果人们推荐了祖冲之，祖冲之不仅成功地复原了指南车，还将北朝前来挑战的索驭驎打败，不仅让宋孝武帝获得了心爱的指南车，还为南朝挣得了脸面。试问，哪个皇帝不愿意善待这样的人呢？不仅如此，祖冲之生性豁达，即便是出任一个小小的县令，也不怨天尤人，而是实实在在地为一方造福，还为农业的发展发明了水碓磨。后来他被调回京城，又发明了轮桨船"千里船"。我们看过电视剧《水浒》的，都会对宋军进攻水泊梁山的时候那来去如飞的大船颇有印象。那大船的原型，就出自祖冲之的巧手。而竟陵王萧子良对祖冲之的赏识，则是祖冲之巧妙地给以过他忠告。祖冲之根据古书记载还原了一个古人放在书桌上用来警示自己的欹器，并将它作为礼物送给萧子良，巧妙暗示他要谦虚，不能自满。

这些对于祖冲之的成就来说都不算什么，但是却可以看出祖冲之的为人踏实、低调。还有一个很重要的因素就是，祖冲之进入华林学省学习，虽然里面的贵族子弟花天酒地，

博学多才 祖冲之

但是作为那个学府的一名学士，祖冲之在里面还是学到了很多的知识。这一点我们可以从华林学省的课程设置中看到，学科设置不是以死读书为目的，而是相当重视动手能力的。这一点，笔者在查阅祖冲之资料的时候，深有体会，那就是实用性非常强。这一点很值得我们的青年学子反省。

前几年有报道说，一个高中理科毕业生居然连个灯泡都不会换，着实让人感叹。到底是什么在阻碍着我们的动手能力呢？笔者认为现在的应试教育就是主要原因之一！再反过来看西方的工业革命以前，我们国家的自然学科虽然越来越边缘化，但是机械制造的能力还是始终位于世界前列。再说一句题外话，火药作为我国古代的四大发明之一，在清朝是供西太后听响的。可是人家西方列强用火药轰开了我们的国门。我国古代的船舶制造技术一直在世界处于领先地位。比如郑和下西洋的七宝船，简直是让万国惊叹。可是到了清朝，人家开着大船就闯进了我们的海港。西方在近代的强大，就是工业革命的兴起，对新生的科技表达了无比的尊重。在旧中国，有着精巧构思的机械产品，被嗤之以鼻；即便是祖冲之这样的大学问家，也因为制作了精巧的指南车而被某些"清贵"的人讽刺为"弄臣"。如此，不能不说，这就是中国自然科学一步步走向没落的开始。

祖冲之并不是一个攀龙附凤的人。他制作一些机械器具，愿意把发明用于提高生产力。祖冲之在暮年献给皇帝的《安边论》里，就明确地、真诚地表达了自己希望将自己的学术成果应用于日常生产生活的愿望。我们都知道，科技是第一生产力。可是科学技术要如何才能转化为生产力，这个命题到今天都没有一个定论。反观祖冲之的机械制造，他所制造的那些机械有的化为了生产力，有的却成了皇帝的玩物。比如祖冲之制造的指南车，除了给皇帝当成耍排场的器具之外，并没有被应用到其他方面。而祖冲之制造出的水碓磨，却造福了一方百姓，并且被推广到全国各地。所以说，科技工作者的发明创造和发明应用并不是一回事，如果发明没有用武之地，没有什么进步意义，那创造价值也就成了一句空话。作为祖冲之个人来说，他既是幸运的，又是不幸的。他的幸运在于他终于成就了他的数学研究，以及他的天文学研究。更何况，他的一生虽然处于时代的动荡期，也遭受过权贵的打压，但是他毕竟完成了自己的事业。他的不幸在于，他呕心沥血编制的《大明历》，活着的时候却没有亲眼见到它的颁行。

他一生的心血《缀术》，却就此湮灭在岁月的烟尘里。他的数学成就和天文学成就，依然没能挽救南北朝之后中国古代自然科学走向边缘化的命运。在中国的文明发展史上，曾经一次又一次地出现这种奇怪的偏差：一种十分先进的文明成果，却仅仅只是为个人取得了隆重的声望或者一些相应的赞誉，而那个人的成果还是依然不能应用到实际中来。这不是某个朝代的问题，而是哪朝哪代都会出现的问题。也许，这也是一种传统，即使在以科技为第一生产力为口号的今天，我国依然有着大量拥有专利权的科研成果被无情地闲置，被冷漠地抛弃。很多中国人原本处于领先地位的领域，

博学多才 祖冲之

却由于不被重视,而最后被其他国家从后面赶了上来。比如,克隆技术本是我国科学家最先开始研制,最后却不了了之,让美国后来居上。历史在前行的脚步中总是毫不犹豫地往前冲,而我们一旦停滞,就会落后。不要纵向地和自己比,而是横向地和他国比。

想起2003年看过的一则旧闻,说某科学院教授居然被单位优化到门卫室去了。笔者不是鄙视门卫这个职位,只是这个大门需要一个高级知识分子去看吗?原来这个教授不搞拉帮结派,不跑不送,一心就只知道埋头搞实验,等到他们单位搞什么人事制度改革的时候,这个书呆子就被改到门卫室去了。如果我们的民族能够真正的重视科技人才,尊重科技生产力,那民族的复兴指日可待。

公元500年,祖冲之静静地离开了人世。人生七十古来稀,他已经七十二岁,儿子和孙子都继承了他的衣钵,他已经无憾。祖冲之离世后,他的儿子祖暅三次上请颁行《大明历》,十年后这部历法终于颁行。虽然来的是晚了些,但是终于还是造福了苍生。它首先是泽被了南朝的百姓;中国南北方统一后,它又泽被了全中国的百姓。从《大明历》到《授时历》,祖冲之的这本历法贯穿了中国几百年的封建王朝的黄金时代。在这里,笔者不想谈兴亡之道,只想说说梁武帝,他作为一个在历史上有着诸多的负面评价的帝王,最终还是向天下颁行了《大明历》。不管出于什么考虑,就冲这一点,笔者对他保留赞誉。

有的人你越走近他,就越会被他吸引。当笔者了解了祖冲之一生的点点滴滴之后，对这个一千多年前的古人充满了敬意。有时候笔者望着天上的一轮明月——那一轮被祖冲之观测了几十年的月亮，脑海中就会不由自主地想：祖冲之山，究竟是在月球的哪一个位置呢？那颗编号1888号的小行星，究竟又是哪一颗呢？最让人痛心的莫过于祖氏一门最后极端悲情的结局。在祖冲之死后，祖家的儿孙谨遵家训，儿子祖暅、孙子祖皓均继承了家族科技传家的衣钵。可是随着侯景之乱，整个南朝似乎都陷入了疯狂的杀戮中，祖氏一门科学世家竟然在这场杀戮中惨遭灭门！而祖氏父子的大部分科学著述，也毁于一旦！这真是中国科学史上难以平复的创伤！不少科技世家也在这场杀戮中难以幸免！祖冲之家族的凄凉谢幕，带走了中国科技史上一个难以复制的传奇。这位一生淡泊名利、聪敏严谨的科学家尽管远离政治，却依然难以逃脱政治的迫害，随着萧梁王朝的覆灭而灰飞烟灭。好在战火纷飞的时代终于结束，我们今天的生活安宁平静。但愿科学家们再也不会经历那样的悲剧。

附录1

追寻数学大国的历史脉络

有位著名的数学家说过,"数学不仅是一种方法、一门艺术或一种语言,数学更主要是一门有着丰富内容的知识体系,其内容对自然科学家、社会科学家、哲学家、逻辑学家和艺术家都有着深远的影响"。

对于数学史有着深厚研究的中国科学院数学与系统科学研究院研究员李文林认为,数学已经广泛地影响着人类的生活和思想,是形成现代文化的主要力量。因而,数学史是人类文明史最重要的组成部分。

近年来,李文林研究员执著地在中国数学史领域求索,曾发表过大量关于数学史的研究论文。他专门为大学学生撰写的《数学史教程》,被广泛地应用于大学数学史学科的教学。他是上一届中国数学会数学史分会的秘书长。

不久前,李文林研究员还参与了一项重要的研究工作。中国首届国家最高科学技术奖获得者、著名数学家吴文俊先

生设立了"数学与天文丝路基金",用于资助年轻学者研究古代中国与世界进行数学交流的历史,揭示部分东方数学成果如何从中国经"丝绸之路"传往欧洲之谜。该研究旨在纠正世界科技界对中国数学认识上存在的偏颇,通过对中国古代数学遗产的进一步发掘,探明近代科学的源流,鼓舞中国人在数学研究上的自信心和发愤图强的勇气。李文林作为该学术委员会组长参与了很多工作。

日前,本报记者采访了李文林研究员。李文林把中国数学史称为波澜壮阔的中华文明史中最亮丽的篇章。在李文林的娓娓叙述中,中国数学对于世界的卓越贡献,如盛开着的中国文明之花,一朵朵展现开来。

古代数学领跑世界

中国数学有着悠久的历史,14世纪以前一直是世界上数学最为发达的国家,出现过许多杰出数学家,取得了很多辉煌成就。

中国数学的起源与早期发展,在古代著作《世本》中就已提到黄帝使"隶首作算数",但这只是传说。在殷商甲骨文记录中,中国已经使用完整的十进制记数。至迟到春秋战国时代,又开始出现严格的十进位制筹算记数。筹算作为中国古代的计算工具,是中国古代数学对人类文明的特殊贡献。

关于几何学,《史记》"夏本纪"记载说:夏禹治水,"左规矩,右准绳"。"规"是圆规,"矩"是直角尺,"准

博学多才 祖冲之

绳"则是确定铅垂方向的器械。这些都说明了早期几何学的应用。从战国时代的著作《考工记》中也可以看到与手工业制作有关的实用几何知识。

战国（公元前475年～前221年）诸子百家与希腊雅典学派时代相当。"百家"就是多种不同的学派，其中的"墨家"与"名家"，其著作包含有理论数学的萌芽。如《墨经》（约公元前4世纪著作）中讨论了某些形式逻辑的法则，并在此基础上提出了一系列数学概念的抽象定义。

在现存的中国古代数学著作中，《周髀算经》是最早的一部。《周髀算经》成书年代据考应不晚于公元前2世纪西汉时期，但书中涉及的数学、天文知识，有的可以追溯到西周（公元前11世纪～前8世纪）。从数学上看，《周髀算经》主要的成就是分数运算、勾股定理及其在天文测量中的应用，其中关于勾股定理的论述最为突出。

《九章算术》是中国古典数学最重要的著作。这部著作的成书年代，根据考证，至迟在公元前1世纪，但其中的数学内容，有些也可以追溯到周代。《周礼》记载西周贵族子弟必学的六门课程"六艺"中有一门是"九数"。刘徽《九章算术注》"序"中就称《九章算术》是由"九数"发展而来，并经过西汉张苍、耿寿昌等人删补。

《九章算术》采用问题集的形式，全书246个问题，分成九章，依次为：方田，粟米，衰分，少广，商功，均输，盈不足，方程，勾股。其中所包含的数学成就是丰富和多方面的。算术方面，"方田"章给出了完整的分数加、减、乘、

除以及约分和通分运算法则,"粟米"、"衰分"、"均输"诸章集中讨论比例问题,"盈不足"术是以盈亏类问题为原型,通过两次假设来求繁难算术问题的解的方法。代数方面,《九章算术》的成就是具有世界意义的,"方程术"即线性联立方程组的解法;"正负术"是《九章算术》在代数方面的另一项突出贡献,即负数的引进;"开方术"即"少广"章的"开方术"和"开立方术",给出了开平方和开立方的算法;在几何方面,"方田"、"商功"和"勾股"三章处理几何问题,其中"方田"章讨论面积计算,"商功"章讨论体积计算,"勾股"章则是关于勾股定理的应用。

《九章算术》的几何部分主要是实用几何。但稍后的魏晋南北朝,却出现了证明《九章算术》中那些算法的努力,从而引发了中国古典几何中最闪亮的篇章。

从公元220年东汉分裂,到公元581年隋朝建立,史称魏晋南北朝。这是中国历史上的动荡时期,但同时也是思想相对活跃的时期。在长期独尊儒学之后,学术界思辩之风再起。在数学上也兴起了论证的趋势,许多研究以注释《周髀算经》、《九章算术》的形式出现,实质是要寻求这两部著作中一些重要结论的数学证明。这方面的先锋,最杰出的代表是刘徽和祖冲之父子。他们的工作,使魏晋南北朝成为中国数学史上一个独特而丰产的时期。

《隋书》"律历志"中提到"魏陈留王景元四年刘徽注九章",由此知道刘徽是公元3世纪魏晋时人,并于公元263年撰《九章算术注》。《九章算术注》包含了刘徽本人的许多

博学多才 祖冲之

创造,完全可以看成是独立的著作,奠定了这位数学家在中国数学史上的不朽地位。

刘徽数学成就中最突出的是"割圆术"和体积理论。刘徽在《九章算术》方田章"圆田术"注中,提出割圆术作为计算圆的周长、面积以及圆周率的基础,使刘徽成为中算史上第一位建立可靠的理论来推算圆周率的数学家。在体积理论方面,像阿基米德一样,刘徽倾力于面积与体积公式的推证,并取得了超越时代的成果。

刘徽的数学思想和方法,到南北朝时期被祖冲之和他的儿子推进和发展了。

祖冲之(公元429年—500年)活跃于南朝宋、齐两代,曾做过南徐州(今镇江)从事史和公府参军,都是地位不高的小官,但他却成为历代为数很少能名列正史的数学家之一。《南齐史》"祖冲之传"说他"探异今古","革新变旧"。

球体积的推导和圆周率的计算是祖冲之引以为荣的两大数学成就。祖冲之关于圆周率的贡献记载在《隋书》中。祖冲之算出了圆周率数值的上下限:$3.1415926 < \pi < 3.1415927$。祖冲之和他儿子关于球体积的推导被称之为"祖氏原理"。祖氏原理在西方文献中称"卡瓦列利原理",1635年意大利数学家卡瓦列利(B. Cavalieri)独立提出,对微积分的建立有重要影响。

之后的大唐盛世是中国封建社会最繁荣的时代,可是在数学方面,整个唐代却没有产生出能够与其前的魏晋南北朝和其后的宋元时期相媲美的数学大家。

中国古典数学的下一个高潮宋元数学，是创造算法的英雄时代。

到了宋代，雕版印书的发达特别是活字印刷的发明，则给数学著作的保存与流传带来了福音。事实上，整个宋元时期（公元960年—1368年），重新统一了的中国封建社会发生了一系列有利于数学发展的变化。这一时期涌现的优秀数学家中最卓越的代表，如通常称"宋元四大家"的杨辉、秦九韶、李冶、朱世杰等，在世界数学史上占有光辉的地位；而这一时期印刷出版、?记载着中国古典数学最高成就的宋元算书，也是世界文化的重要遗产。

贾宪是北宋人，约公元1050年完成一部叫《黄帝九章算术细草》著作，原书丢失，但其主要内容被南宋数学家杨辉著《详解九章算法》（1261年）摘录，因能传世。贾宪的增乘开方法，是一个非常有效和高度机械化的算法，可适用于开任意高次方。

秦九韶（约公元1202年—1261年）在他的代表著作《数书九章》中，将增乘开方法推广到了高次方程的一般情形，称为"正负开方术"。秦九韶还有"大衍总数术"，即一次同余式的一般解法。这两项贡献使得宋代算书在中世纪世界数学史上占有突出的地位。

秦九韶的大衍总数术，是《孙子算经》中"物不知数"题算法的推广。从"孙子问题"到"大衍总数术"关于一次同余式求解的研究，形成了中国古典数学中饶有特色的部

博学多才 祖冲之

分。这方面的研究，可能是受到了天文历法问题的推动。中国古典数学的发展与天文历法有特殊的联系，另一个突出的例子是内插法的发展。

古代天算家由于编制历法而需要确定日月五星等天体的视运动，当他们观察出天体运动的不均匀性时，内插法便应运产生。早在东汉时期，刘洪《乾象历》就使用了一次内插公式来计算月行度数。公元600年刘焯在《皇极历》中使用了二次内插公式来推算日月五星的经行度数。公元727年，僧一行又在他的《大衍历》中将刘焯的公式推广到自变量不等间距的情形。但由于天体运动的加速度也不均匀，二次内插仍不够精密。随着历法的进步，对数学工具也提出了更高的要求。到了宋元时代，便出现了高次内插法。

最先获得一般高次内插公式的数学家是朱世杰（公元1300年前后）。朱世杰的代表著作有《算学启蒙》（1299年）和《四元玉鉴》（1303年）。《算学启蒙》是一部通俗数学名著，曾流传海外，影响了日本与朝鲜数学的发展。《四元玉鉴》则是中国宋元数学高峰的又一个标志，其中最突出的数学创造有"招差术"（即高次内插法），"垛积术"（高阶等差级数求和）以及"四元术"（多元高次联立方程组与消元解法）等。

宋元数学发展中一个最深刻的动向是代数符号化的尝试，这就是"天元术"和"四元术"的发明。天元术和四元术都是用专门的记号来表示未知数，从而列方程、解方程的方法，它们是代数学的重要进步。

中国古代数学以计算为中心、具有程序性和机械性的算法化数学模式与古希腊的以几何定理的演绎推理为特征的公理化数学模式相辉映，交替影响世界数学的发展。

近代数学日渐势微

《四元玉鉴》可以说是宋元数学的绝唱。元末以后，中国传统数学骤转衰落。整个明清两代（1368年—1911年），不仅未再产生出能与《数书九章》、《四元玉鉴》相媲美的数学杰作，而且在清中叶乾嘉学派重新发掘研究以前，"天元术"、"四元术"这样一些宋元数学的精粹，竟长期失传，无人通晓。明初开始长达三百余年的时期内，除了珠算的发展及与之相关的著作（如程大位《算法统宗》，1592年）的出现，中国传统数学研究不仅没有新的创造，反而倒退了。

中国传统数学自元末以后落后的原因是多方面的。皇朝更迭的漫长的封建社会，在晚期表现出日趋严重的停滞性与腐朽性，数学发展缺乏社会动力和思想刺激。元代以后，科举考试制度中的《明算科》完全废除，唯以八股取士，数学社会地位低下，研究数学者没有出路，自由探讨受到束缚甚至遭禁锢。

同时，中国传统数学本身也存在着弱点。筹算系统使用的十进位值记数制是对世界文明的一大贡献，但筹算本身却有很大的局限性。在筹算框架内发展起来的半符号代数"天元术"与"四元术"，就不能突破筹算的限制演进为彻底的符号代数。筹式方程运算不仅笨拙累赘，而且对有五个以上

博学多才 祖冲之

未知量的方程组无能为力。另一方面，算法创造是数学进步的必要因素，但缺乏演绎论证的算法倾向与缺乏算法创造的演绎倾向同样难以升华为现代数学。而无论是筹算数学还是演绎几何，在中国的传播都由于"天朝帝国"的妄大、自守而显得困难和缓慢。16、17 世纪，当近代数学在欧洲蓬勃兴起以后，中国数学就更明显地落后了。

从 17 世纪初到 19 世纪末大约三百年时间，是中国传统数学滞缓发展和西方数学逐渐传入的过渡时期，这期间出现了两次西方数学传播的高潮。

第一次是从 17 世纪初到 18 世纪初，标志性事件是欧几里得《原本》的首次翻译。1606 年，中国学者徐光启（1562 年—1633 年）与意大利传教士利玛窦（Matteo Ricci）合作完成了欧几里得《原本》前 6 卷的中文翻译，并于翌年（1607 年）正式刊刻出版，定名《几何原本》，中文数学名词"几何"由此而来。

西方数学在中国早期传播的第二次高潮是从 19 世纪中叶开始。除了初等数学，这一时期还传入了包括解析几何、微积分、无穷级数论、概率论等近代数学知识。

西方数学在中国的早期传播对中国现代数学的形成起了一定的作用，但由于当时整个社会环境与科学基础的限制，总的来说其功效并不显著。清末数学教育的改革仍以初等数学为主，即使在所谓"大学堂"中，数学教学的内容也没有超出初等微积分的范围，并且多半被转化为传统的语言来讲授。中国现代数学的真正开拓，是在辛亥革命以后，兴办高等数学教育是重要标志。

现代数学迎头赶上

自鸦片战争以后，西方列强的军舰与大炮使中国朝野看到了科学与教育的重要，部分有识之士还逐步认识到数学对于富国强兵的意义，从而竭力主张改革国内数学教育，同时派遣留学生出国学习西方数学。辛亥革命以后，这两条途径得到了较好的结合，有力地推动了中国现代高等数学教育的建制。

20世纪初，在科学与民主的高涨声中，中国数学家们踏上了学习并赶超西方先进数学的光荣而艰难的历程。1912年，中国第一个大学数学系——北京大学数学系成立（当时叫"数学门"，1918年改"门"称"系"），这是中国现代高等数学教育的开端。

20世纪20年代，是中国现代数学发展道路上的关键时期。在这一时期，全国各地大学纷纷创办数学系，数学人才培养开始着眼于国内。除了北京大学、清华大学、南开大学、浙江大学，在这一时期成立数学系的还有东南大学（1921年）、北京师范大学（1922年）、武汉大学（1922年）、厦门大学（1923年）、四川大学（1924年）等等。

伴随着中国现代数学教育的形成，现代数学研究也在中国悄然兴起。中国现代数学的开拓者们，在发展现代数学教育的同时，努力拼搏，追赶世界数学前沿，至1920年末和1930年，已开始出现一批符合国际水平的研究工作。

博学多才 祖冲之

1928年，陈建功在日本《帝国科学院院报》上发表论文《关于具有绝对收敛Fourier级数的函数类》，中心结果是证明了一条关于三角级数在区间上绝对收敛的充要条件。几乎同时，G.哈代和J.李特尔伍德在德文杂志《数学时报》上也发表了同样的结果，因而西方文献中常称此结果为"陈－哈代－李特尔伍德定理"。这标志中国数学家已能生产国际一流水平的研究成果。

差不多同时，苏步青、江泽涵、熊庆来、曾炯之等也在各自领域里作出令国际同行瞩目的成果。1928—1930年间，苏步青在当时处于国际热门的仿射微分几何方面引进并决定了仿射铸曲面和旋转曲面。他在这个领域的另一个美妙发现后被命名为"苏锥面"。江泽涵是将拓扑学引进中国的第一人，他本人在拓扑学领域中最有影响的工作是关于不动点理论的研究，这在他1930年的研究中已有端倪。江泽涵从1934年起出任北京大学数学系主任。熊庆来"大器晚成"，1931年，已经身居清华大学算学系主任的熊庆来，再度赴法国庞加莱研究所，两年后取得法国国家博士学位。其博士论文《关于无穷级整函数与亚纯函数》、引进后以他的名字命名的"熊氏无穷级"等，将博雷尔有穷级整函数论推广为无穷级情形。

从20世纪初第一批学习现代数学的中国留学生跨出国门，到1930年中国数学家的名字在现代数学热门领域的前沿屡屡出现，前后不过30余年，这反映了中国现代数学的先驱者们高度的民族自强精神和卓越的科学创造能力。

这一点，在1930年至1940年中的时期里有更强烈的体现。这一时期的大部分时间，中国是处在抗日战争的烽火之中，时局动荡，生活艰苦。当时一些主要的大学都迁移到了敌后内地。在极端动荡、艰苦的战时环境下，师生们却表现出抵御外侮、发展民族科学的高昂热情。他们在空袭炸弹的威胁下，照常上课，并举行各种讨论班，同时坚持深入的科学研究。这一时期产生了一系列先进的数学成果，其中最有代表性的是华罗庚、陈省身、许宝的工作。

到40年代后期，又有一批优秀的青年数学家成长起来，走向国际数学的前沿并作出先进的成果，其中最有代表性的是吴文俊的工作。吴文俊1940年毕业于上海交通大学，1947年赴法国留学。吴文俊在留学期间就提出了后来以他的名字命名的"吴示性类"和"吴公式"，有力地推动了示性类理论与代数拓扑学的发展。

经过老一辈数学家们披荆斩棘的努力，中国现代数学从无到有地发展起来，从1930年开始，不仅有了达到一定水平的队伍，而且有了全国性的学术性组织和发表成果的杂志，现代数学研究初具规模，并呈现上升之势。

1949年中华人民共和国成立之后，中国现代数学的发展进入了一个新的阶段。新中国的数学事业经历了曲折的道路而获得了巨大的进步。这种进步主要表现在：建立并完善了独立自主的现代数学科研与教育体制；形成了一支研究门类齐全、并拥有一批学术带头人的实力雄厚的数学研究队伍；取得了丰富的和先进的学术成果，其中达到国际先进水平的

博学多才 祖冲之

成果比例不断提高。改革开放以来,中国数学更是进入了前所未有的良好的发展时期,特别是涌现了一批优秀的、活跃于国际数学前沿的青年数学家。

改革开放以来的20多年是我国数学事业空前发展的繁荣时期。中国数学的研究队伍迅速扩大,研究论文和专著成十倍地增长,研究领域和方向发生了深刻的变化。我国数学家不仅在传统的领域内继续作出了成绩,而且在许多重要的过去空缺的方向以及当今世界研究前沿都有重要的贡献。在世界各地许多大学的数学系里都有中国人任教,特别是在美国,中国数学家还在大多数名校占有重要教职。在许多高水平的国际学术会议上都能见到作特邀报告的中国学者。在重要的数学期刊上,不仅中国人的论著屡见不鲜,而且在引文中,中国人的名字亦频频出现。在一些有影响的国际奖项中,中国人也开始崭露头角。

这一切表明,我国的数学研究水平比过去有了很大提高,与世界先进水平的差距明显地缩小了,在许多重要分支上都涌现出了一批优秀的成果和学术带头人。中国人在国际数学界的地位空前提高了。

李文林研究员表示,中国数学的今天,是几代数学家共同拼搏奋斗的结果。2002年国际数学家大会在北京召开,标志着中国国际地位的提高与数学水平的发展。他表示相信,在众多中国科学家的共同努力下,中国数学赶超世界先进水平,并在21世纪成为世界数学大国的梦想一定能够实现。

附录2

《南史·祖冲之传》

祖冲之字文远,范阳遒人也。曾祖台之,晋侍中。祖昌,宋大匠卿。父朔之,奉朝请。

冲之稽古,有机思,宋孝武使直华林学省,赐宅宇车服。解褐南徐州从事、公府参军。

始元嘉中,用何承天所制历,比古十一家为密。冲之以为尚疏,乃更造新法,上表言之。孝武令朝士善历者难之,不能屈。会帝崩不施行。

历位为娄县令,谒者仆射。初,宋武平关中,得姚兴指南车,有外形而无机杼,每行,使人于内转之。升明中,齐高帝辅政,使冲之追修古法。冲之改造铜机,圆转不穷,而司方如一,马钧以来未之有也。时有北人索驭驎者亦云能造指南车,高帝使与冲之各造,使于乐游苑对共校试,而颇有差僻,乃毁而焚之。晋时杜预有巧思,造欹器,三改不成。永明中,竟陵王子良好古,冲之造欹器献之,与周庙不异。

博学多才 祖冲之

文惠太子在东宫,见冲之历法,启武帝施行。文惠寻薨又寝。

转长水校尉,领本职。冲之造安边论,欲开屯田,广农殖。建武中,明帝欲使冲之巡行四方,兴造大业,可以利百姓者,会连有军事,事竟不行。

冲之解钟律博塞,当时独绝,莫能对者。以诸葛亮有木牛流马,乃造一器,不因风水,施机自运,不劳人力。又造千里船,于新亭江试之,日行百余里。于乐游苑造水碓磨,武帝亲自临视。又特善算。永元二年卒,年七十二。着易老庄义,释论语、孝经,注九章,造缀述数十篇。子晅之。

晅之字景烁,少传家业,究极精微,亦有巧思。入神之妙,般、倕无以过也。当其诣微之时,雷霆不能入。尝行遇仆射徐勉,以头触之,勉呼乃悟。父所改何承天历时尚未行,梁天监初,晅之更修之,于是始行焉。位至太舟卿。

晅之子皓,志节慷慨,有文武才略。少传家业,善算历。大同中为江都令,后拜广陵太守。

侯景陷台城,皓在城中,将见害,乃逃归江西。百姓感其遗惠,每相蔽匿。广陵人来嶷乃说皓曰:"逆竖滔天,王室如毁,正是义夫发愤之秋,志士忘躯之日。府君荷恩重世,又不为贼所容。今逃窜草间,知者非一,危亡之甚,累棋非喻。董绍先虽景之心腹,轻而无谋,新克此州,人情不附,袭而杀之,此一壮士之任耳。今若纠率义勇,立可得三二百人。意欲奉戴府君,剿除凶逆,远近义徒,自当投赴。如其克捷,可立桓、文之勋;必天未悔祸,事生理外,百代

之下，犹为梁室忠臣。若何？"皓曰："仆所愿也，死且甘心。"为要勇士耿光等百余人袭杀景兖州刺史董绍先，推前太子舍人萧勉为刺史，结东魏为援。驰檄远近，将讨景。景大惧，即日率侯子鉴等攻之。城陷，皓见执，被缚射之，箭遍体，然后车裂以徇。城中无少长，皆埋而射之。